中国电信部门放松管制改革绩效研究

郑世林 著

中国社会科学出版社

图书在版编目（CIP）数据

中国电信部门放松管制改革绩效研究/郑世林
著.—北京：中国社会科学出版社，2012.10
ISBN 978 - 7 - 5161 - 1671 - 5

Ⅰ.①中…　Ⅱ.①郑…　Ⅲ.①电信—邮电企业—
体制—改革—研究—中国　Ⅳ.①F632.1

中国版本图书馆 CIP 数据核字 (2012) 第 251550 号

出 版 人	赵剑英	
选题策划	卢小生	
责任编辑	金　泓	
责任校对	徐　楠	
责任印制	李　建	

出　　版	中国社会科学出版社	
社　　址	北京鼓楼西大街甲 158 号（邮编　100720）	
网　　址	http://www.csspw.cn	
	中文域名：中国社科网　　010 - 64070619	
发 行 部	010 - 84083635	
门 市 部	010 - 84029450	
经　　销	新华书店及其他书店	

印　　刷	北京市大兴区新魏印刷厂	
装　　订	廊坊市广阳区广增装订厂	
版　　次	2012 年 10 月第 1 版	
印　　次	2012 年 10 月第 1 次印刷	

开　　本	710 × 1000　1/16	
印　　张	11.5	
插　　页	2	
字　　数	186 千字	
定　　价	36.00 元	

凡购买中国社会科学出版社图书，如有质量问题请与本社发行部联系调换
电话：010 - 64009791
版权所有　侵权必究

目　　录

摘　　要

　　电信部门是自然垄断产业中最具典型代表性的产业，也是国民经济中战略性、先导性和基础性产业。1994 年以来，我国电信部门进行了前所未有的放松管制改革，引起了社会各界的极大反响。而且围绕着改革方案及其绩效始终争议不断，难有定论。那么，放松管制改革——竞争、产权和管制——究竟对我国电信部门绩效产生怎样的影响作用？不同的放松管制政策变化是否彼此影响？究竟放松管制改革对我国电信部门增长的贡献有多大？我国电信部门放松管制改革的发展潜力和空间有多大？这些问题的回答关系到我国进一步深化电信体制改革的侧重点。本书的研究也是基于对我国电信部门放松管制改革绩效的评估展开的。

　　第四章基于传统产业组织的 SCP 分析范式，构建了扩展产业组织结构—行为—绩效（SOR—C—P）分析范式。并且提出了放松管制改革与电信部门绩效关系的研究假设。

　　第五章为验证第四章假设，利用 1998—2007 年省际面板数据，运用双向固定效应 FE 和 FE – IV 模型首次考察了市场竞争、产权改革和管制政策对电信部门及其细分市场惯用产业绩效代表性指标（包括电信服务价格、电话普及率和通话量，简称产业绩效）的影响。

　　第六章利用我国省际动态面板数据（1994—2007 年），基于柯布—道格拉斯（Cobb – Douglas）生产函数，应用系统广义矩估计方法（SYS – GMM）实证了竞争、产权和管制变化对电信部门全要素生产率的影响。并估算了三个放松管制改革时期我国电信部门增长的来源。

　　主要的研究结论如下：（1）市场竞争不仅对产业绩效，也对全要素生产率具有显著的正面效应；（2）海外上市产权改革尽管难以改善产业绩效，但是显著提高了部门全要素生产率；（3）移动与固定业务间存在着显著的替代竞争，但同一业务内竞争绩效并不显著；（4）尽管电信部门管制政策变化对产业绩效具有显著的正面效应，而且也促进了全要素生产率的提高，但是其并不能对市场竞争和产权改革这两个政策措施起到有效的配套补充作用；（5）放松管制改革力度越大，改革对电信部门增长的贡献率就越大，进一步放松管制改革依然具有很大的促进电信部门增长的空间。

以上结论可以用来解释当前我国电信部门的两个发展困境：其一是竞争失衡之谜：由于电信部门的竞争主要表现为替代竞争，而同一分业内部竞争并不显著，因此，拆分改革并没有实现改革者的初衷。并且，这种移动对固定通信业务的替代将分业竞争下的电信部门推向了竞争失衡的边缘。再者，在分拆改革后，管制作为配套政策也难以促进电信部门有效竞争格局的形成。其二是为电信部门近年来收入增速低于国民经济增速提供改革因素的解释：不仅在于自 2003 年以来我国放松管制改革上的止步不前，也在于电信部门的竞争失衡。最后，本书还对进一步深化我国电信部门体制改革，提出了一系列政策建议。

关键词：电信部门　市场竞争　产权改革　管制政策　绩效评估

Abstract

The telecommunications sector not only is the most representative natural monopoly industry, but also is the strategic, leading and fundamental industry for the national economy. Since 1994, Chinese telecommunications have undergone unprecedented deregulation, which has aroused a great response. It is always a widespread concern and controversial topic about the reform program and its performance. Then, we address a few of questions: what impact do deregulation—relating to competition, ownership and regulation—have on sector performance? How is the impact of change in any one policy affected by the implementation of the other? How much contribution does the deregulation have on the growth of telecommunications sector? How much potential and space is deregulation in the future? The answers for these questions are related with the deepening Chinese telecommunications reform. Therefore, this dissertation focuses on the assessment of telecommunications deregulation performance.

In Chapter 4, based on the traditional analysis paradigm of S – C – P in the industrial organization, an extended analysis paradigm of SOR – C – P is built. In addition, this chapter develops a number of hypotheses as to the effects of competition, ownership and regulation on Chinese telecommunications.

In Chapter 5, the above hypotheses are empirical tested. With a new panel dataset of 31 Chinese provinces from 1998 through 2007, this section examines competition and private ownership reforms effects on telecommunications and its market segments performance indicators including prices, subscription levels, as well as call traffic.

In Chapter 6, using the dynamic panel data for 29 Chinese provinces over the period from 1994 to 2007, this section provides an econometric assessment, employed the Cobb – Douglas production function and method of SYS – GMM, of the effects of competition, ownership and regulation on the total factor productivity (TFP) of telecommunications. In addition, the source of telecommunications growth in the three periods was assessed.

The main findings in this dissertation are follows: (1) Competition is significantly positively correlated with the industrial performance and the total factor productivity (TFP). (2) The ownership reform through listing on the oversea stock exchange is insignificantly correlated with industrial performance, but it is significantly correlated with the total factor productivity (TFP) . (3) The substitution competition between the mobile and fixed lines has an important impact on individual industrial performance. However, we could not find the individual competition for the mobile and fixed lines has obvious impacts on its performance. (4) The interaction effects between regulation and competition or ownership do not lead to obvious gains in industrial performance, though regulation has some positive effects on the industrial performance and total factor productivity (TFP) . (5) The greater the telecommunications deregulation, the greater contribution to the telecommunications growth. Further deregulation reform still has much room for the telecommunications growth.

The above conclusions could be employed to explain the two devevelopment dilemmas in Chinese telecommunications sector. On the one hand, the conclusion could help to explain the mystery of competition unbalance. The conclusions show that the telecommunications reform on market structure could not attain the original purpose for effective competition in the sub – sector. Moreover, the substitution competition resulted in the competitive imbalance in the telecommunications. In addition, regulation could not play a role of complementary policy to promote the effective competition in the telecommunications sector. On the other hand, the conclusions also partly explain why the growth rate of telecommunications is lower than national economy in the recent years. The reasons not only include the lagged deregulation reform since 2003, but also include the competition unbalance in the telecommunications sector.

Key Words: Telecommunications Sector Competition Ownership Regulation Assessment of Performance

第一章 引言

第一节 研究背景和意义

一 本书的研究背景

放松管制（deregulation）意味着作为国家直接干预经济主体的合法权力的退却，放松和取消诸多管制条款，产业部门内开始引入竞争机制，也表现为国有企业的民营化及由此引致的国有经济在一些产业部门中的退出等许多方面①。20 世纪 70 年代以来，由于可竞争市场理论的发展、产业间的替代竞争、政府管制失灵、科学技术进步、全球化竞争等原因，以美国、英国、日本等发达国家为代表，掀起了一场以放松管制为特点的制度改革浪潮。改革波及电信、电力、航空、铁路、公用事业等自然垄断产业。截至 20 世纪 90 年代末，发达国家自然垄断产业放松管制改革已经基本落下帷幕。实践证明，放松管制改革极大改善了自然垄断产业的服务水平和产业效率，并大幅度地提高了社会福利水平。

西方发达国家自然垄断产业放松管制改革的成功经验，给我国自然垄断产业改革提供了重要的理论依据和经验借鉴。自 20 世纪 90 年代以来，我国电信、电力、航空等自然垄断产业都经历了深刻的放松管制改革。从改革过程看，我国自然垄断产业放松管制改革并不同于西方发达国家，具有典型的转型特征。而且，也不同于具有转型特征的东欧、中南美、俄罗斯、南非等发展中国家和地区，这些国家采取了较为激进的"休克疗法"或完全私有化自然垄断产业。我国自然垄断产业改革的特殊性主要表现在

---

① 国内学者将"regulation"翻译为管制或规制，在本书中管制与规制等同。

以下几个方面：一是改革前的社会大背景。改革前，国家经济正处于从计划经济向市场经济转轨时期，还没有形成完善的市场经济体制，自然垄断产业依然处于政府的严格管制下，由政府垄断经营，具有政企合一的特征。政府既是自然垄断产业的国有资产拥有者，也是具体业务的垄断经营者，还是管制政策的制定者和监督执行者，政府集所有者、经营者和管制者于一身①。二是放松管制的路径。中国自然垄断产业放松管制方式虽然参照了英美模式，但是，具体转型方式——引入竞争、民营化和管制政策变化，有较大的路径差异。三是中国自然垄断产业放松管制改革取得了举世公认的成就，作为关系到国家经济命脉的重要产业支撑了我国市场化改革与转型。四是放松管制的路尚未走完，亟待解决的依然是进一步放松管制问题。我国自然垄断产业放松管制改革后，并没有像有些发达国家和发展中国家那样完全放松管制，而是国家依然控制着自然垄断产业，国有产权依然独大。另外，政府行政垄断问题严重，产业竞争不充分或失衡问题依然存在，政府管制体系落后，等等。一系列问题。这些问题使得自然垄断部门成为大众抱怨的对象，改革的呼声也最高。由于自然垄断产业关系到国家的经济命脉和安全，再加上各种利益主体之间的博弈，自然垄断产业改革进展依然非常缓慢，一定程度上，影响了我国自然垄断产业的发展。因此，到目前为止，我国自然垄断产业放松管制改革依然是经济学研究的重点领域和热点问题之一。

中国自然垄断产业放松管制改革的特殊道路是本书研究的出发点和兴趣之所在。根据改革差异化引申出来一系列值得思考和具有重要价值的问题。首先，由于改革背景、路径和期望结果不同，如何利用西方的竞争、产权、管制等经济理论，形成一个统一的分析框架来解释我国自然垄断产业的放松管制改革？其次，中国自然垄断产业放松管制改革措施会收到怎样的效果，能否会提高产业绩效？最后，中国自然垄断产业放松管制改革成功的原因解释。目前还存在哪些问题？下一步放松管制改革的侧重点在哪里？对于这些问题的回答，将成为中国自然垄断产业放松管制改革研究中的主要内容。

---

① 王俊豪：《中国基础设施产业政府管制体制改革的若干思考——以英国政府管制体制改革为鉴》，《经济研究》1997 年第 10 期。

国外对于发达国家和发展中国家自然垄断产业放松管制改革绩效已经做了大量详细的实证研究。然而，对于我国自然垄断产业放松管制改革绩效问题，以王俊豪、于立、张昕竹、戚聿东、于良春等为代表的经济学者，对于自然垄断产业放松管制理论基础、国外改革借鉴、改革方案、行政垄断等问题作了较多研究，但是多数文献停留在对"西方逻辑"的简单嫁接上。相反，针对我国转型期自然垄断产业市场结构、产权结构和管制政策影响的实证研究十分稀缺。

为了寻找以上问题的答案，本书将利用改革前最具典型自然垄断特征的电信部门为主要研究对象进行放松管制改革实证研究①。电信部门在放松管制改革之前，一直为邮电部垄断经营。在这种状态下，家庭电话和手机消费是一种奢侈品，严重阻碍了电信部门的发展，同时，也影响了我国信息化建设和国家经济的发展。1994年国务院发文批准组建中国联合通信有限公司，与邮电部附属企业中国电信竞争，形成了"双寡头"竞争格局，标志着我国电信部门放松管制改革的开始。其后，我国电信部门先后进行了邮电分营、政企分开、拆分重组、海外上市、新管制体系建立等一系列放松管制改革举措。正是在放松管制改革十多年中，中国电信部门经历了"奇迹"发展，跃居为一个"电信超级大国"。那么，究竟具有典型自然垄断特征的我国电信部门放松管制改革的绩效如何？不同的放松管制改革措施的影响如何？我国电信部门放松管制改革还有多大的空间？等等，对于这些问题的回答，正是本书的出发点。

二 本书的研究意义

中国经济历经30年被誉为"世界奇迹"的高速增长和发展，现在已经成为世界舞台上最富有活力的力量。在国民经济腾飞中，国家自然垄断产业转型与发展，对社会主义市场经济的发展起到了关键作用，自然垄断产业已成为国民经济的基础与支撑。我国在20世纪80年代中期开始，逐步开始了自然垄断产业放松管制改革，尤其在90年代末21世纪初，进行了大规模的放松管制改革。但是，与国外自然垄断产业相比，我国放松管

---

① 如果按照整个自然垄断产业来实证，虽然能够探索到普遍性的问题，但是自然垄断产业涉及产业部门很多，具体部门改革进程不一，产业特征也有较大差别，再加上数据的难获得性，因此增加了实证的准确性和难度。

制改革依然比较缓慢，近年来放松管制改革进入了停滞状态。改革的滞后也为我国自然垄断产业发展埋下了隐患。例如，2008 年年初的雪灾，南方大面积停电、铁路停运和电信瘫痪，又把关系到国家经济命脉和安全的自然垄断产业改革推向了风口浪尖。自然垄断产业是维持当前现状，还是需要进一步放松管制，自然垄断产业何去何从，走到了一个关键的"十字路口"。

电信部门是自然垄断产业中对国民经济带动作用最强的产业。中国政府报告指出投资电信部门的边际收益是投资其他部门的 16 倍[1]。罗雨泽等根据我国 2000—2005 年 31 个省市的数据，研究了电信投资对我国经济增长的贡献，结果发现我国电信投资对我国经济增长的边际贡献平均为 23.76%，比其他社会基础设施投资高 6.758%，电信技术不断迅速发展，对我国工业化和信息化发展具有重要的战略支撑意义[2]。但是，电信部门目前同样面临着发展的困境：（1）在电信部门放松管制改革后，电信部门陷入了竞争失衡状态，尽管 2008 年进行了第三次电信全业务重组改革，这种失衡态势却更进一步明显。（2）电信部门近年来收入增速和对国民经济贡献呈现下降趋势。2007 年电信部门业务收入增速 30 年来首次低于国民经济增速，而且近几年增速下滑更显著，存在着与 GDP 增速进一步拉大差距的危险。（3）近年来，我国在电信部门放松管制改革上停滞不前，国家控制电信运营商依然独占整个电信市场，管制机构和电信立法难以满足三网融合时期的需要。这些电信部门发展中出现的问题，无疑会影响我国电信部门的健康发展和国际竞争力的提高，并且作为国民经济中的战略性、先导性和基础性产业，其发展困境，势必会影响我国整体国民经济的健康快速发展。

为解决以上问题，本书将在实证研究基础上，探索我国电信放松管制改革措施对产业绩效的影响，并寻找电信部门竞争失衡之谜和电信增速下降的原因，为我国进一步深化电信体制改革提供政策建议。本书的研究填

---

[1]　EIU (Economist Intelligence Unit). How Has China Financed Its Telecoms Build – out [J]. *Business China*. 1997 (24)：7-9.

[2]　罗雨泽、芮明杰、罗来军、朱善利：《中国电信投资经济效益的实证研究》，《经济研究》2008 年第 6 期。

补了我国该领域实证研究的空白，其研究结论可为我国电信部门提供参考，也能为整个自然垄断产业改革提供借鉴。

第二节　本书的主要创新点

本书的创新点主要体现在以下几个方面：

1. 在理论方面，提出了一个扩展的产业组织分析范式（SOR—C—P）

SOR—C—P分析范式是传统产业组织（结构—行为—绩效）范式在电信部门放松管制改革中的应用与扩展。电信部门放松管制改革是一个市场结构、产权结构和管制政策综合变化的过程。全面考察在电信部门放松管制改革期间的绩效变化时，如果忽略产权结构和管制政策的变化，仅从传统产业组织SCP范式来分析市场结构与产业绩效的关系，不但不能从整体上反映放松管制改革与产业绩效的关系，而且可能会使研究结论产生较大的偏差。因此，本书形成了扩展的"市场结构（S）、产权结构（O）、管制政策（R）—企业行为（C）—产业绩效（P）"理论分析范式。并且基于该理论范式，将企业行为视为黑箱，提出了我国电信部门放松管制改革与电信部门绩效之间关系的研究假设，形成了本书的概念框架。

2. 基于FE和FE-IV方法，应用1998—2007年省级面板数据，利用简化模型（Reduced Model），评估了竞争、产权改革以及配套管制政策对电信产业绩效指标的影响。

本书首次利用1998—2007年我国省（市、自治区）的面板数据，不仅考察了市场竞争、产权改革以及配套管制政策三者各自对电信产业绩效的影响，而且，也考虑了市场竞争、产权改革以及配套管制政策之间的交互作用对电信产业绩效的影响。在验证竞争和产权改革对电信部门绩效的影响时，本书利用最接近五省或其余30省的改革变量作为工具变量（IV），成功克服了内生性问题。基于FE和FE-IV方法，我们最终得到了一些重要的实证结论：（1）市场竞争比产权改革更能提高电信产业绩效：市场竞争对电信产业绩效有显著影响，而产权改革影响并不显著。（2）市场竞争与产权改革并不存在着相互补充的关系，而且，管制政策变化也不能对竞争和产权改革这两个政策措施起到有效的配套补充作用。
（3）电信部门的竞争主要表现为异质业务之间的替代竞争，而同一业务
内部竞争并不显著。这些结论解释了我国电信竞争失衡之谜。

3. 基于 1994—2007 年省级面板数据，利用系统广义矩（SYS -
GMM）估计方法，应用柯布—道格拉斯生产函数，实证分析了不同放松
管制改革措施对全要素生产率的影响。

本书利用延长的面板数据，从全要素生产率的角度，考察了放松管制
改革措施对中国电信部门全要素生产率的影响。在实证模型中，由于电信
产出具有持续性，因此，本书设计了动态面板数据模型。本书运用系统广
义矩估计方法，以避免应用标准的随机效应或固定效应对动态面板数据模
型进行估计时所导致的估计量非一致性问题，从而使得估算结果也较为准
确，更具可信性。根据计量结果，本书估算了我国电信部门收入增长的来
源，主要结论有以下几点：（1）去垄断改革和海外上市产权改革显著提
高了电信部门全要素生产率；（2）横向分拆改革初期显著促进了我国电
信部门全要素生产率，而滞后期对生产率的影响逐渐呈现出负面效应；
（3）放松管制改革力度越大，对电信部门增长的贡献越大。这些结论一
方面解释了我国近年来电信部门收入增速下滑之谜，另一方面为我国电信
部门进一步放松管制改革提供了实证支持。

第三节　全书的结构安排

本书在吸收国内外相关研究文献的基础上，以扩展的产业组织分析范
式为基础，将面板数据计量方法作为研究工具，对我国电信部门放松管制
改革绩效进行了规范的实证研究，试图完善转型国家放松管制改革理论，
为政府部门深化电信乃至垄断行业体制改革提供依据。

本书将定性和定量分析相结合，紧密围绕着三个创新点展开研究，全
书共七章，第二章至第七章的章节结构安排如下：

第二章，首先，回顾和梳理了支撑本书整体框架的自然垄断放松管制
基础理论，主要包括自然垄断和放松管制理论。其次，综述了我国自然垄
断产业放松管制改革领域的相关研究。最后，指出了现有研究的不足，明

确了进一步研究的方向。

第三章，主要对比分析了世界相关国家和我国电信部门放松管制改革的状况。首先，研究了世界相关国家电信部门放松管制改革的现状（发达国家和发展中国家分别分析）；其次，对我国电信部门放松管制改革的状况进行了分析，主要从邮电部门垄断经营、去垄断改革、海外上市产权改革和管制体制改革四个方面来分析；最后，在总结当前研究的基础上，提出放松管制改革对电信部门绩效的影响问题有待实证研究。

第四章，基于传统产业组织的结构—行为—绩效分析范式，产生了扩展产业组织 SOR－C－P 分析范式。并且，提出了我国电信部门放松管制改革与部门绩效关系的研究假设。

第五章，利用 1998—2007 年省际面板数据，运用双向固定效应 FE 和 FE－IV 模型首次考察了市场竞争、产权改革、管制政策及其交互作用，以及对电信部门及其细分市场的一系列绩效变量（电信服务价格、电话普及率和通话量）的影响。

第六章，首先，利用我国省际动态面板数据（1994—2007 年），基于柯布—道格拉斯生产函数，应用系统广义矩估计方法实证了竞争、产权和管制变化对电信部门全要素生产率的影响；其次，实证了这期间不同的去垄断改革措施对电信部门全要素生产率的影响；最后，估算了三个放松管制改革时期我国电信部门收入增长的来源。

第七章，结论与政策建议。

根据以上研究内容，本书的结构及各章节的关系如图 1－1 所示。

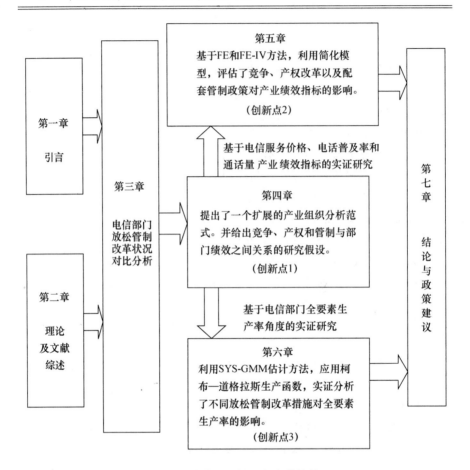

图 1-1 本书的结构及各章节的关系

第二章　理论及文献综述

第一节　相关理论综述

一　自然垄断理论

自然垄断理论是现代产业经济学的一个重要组成部分。经过一百多年的发展，经济学家们对自然垄断的成因及其认识越来越深入，从最初仅源于对其自然资源特性的考察，到以规模经济定义的传统自然垄断理论，最终形成了以成本弱增性定义的现代自然垄断理论。根据不同时代背景下的自然垄断理论，人们判定哪些产业属于自然垄断产业，并进而采取不同的治理政策。从发展历史看，自然垄断理论已经历了三个发展阶段。

（一）自然垄断理论的初步研究

1848 年，英国古典经济学家约翰·穆勒在其代表作《政治经济学原理》中阐述地租时提及了自然垄断的概念，他认为"地租是自然垄断的结果"，是指由于自然资源的分布特性使得竞争无法展开的情况。而后来法勒（Farrer）把那些从来就没有发生过竞争，或者发生过竞争但最终失败的产业归为自然垄断产业，并且给出了自然垄断产业的五个经济特征：（1）该产业能够提供某种必需的产品或服务；（2）该产业所处的生产环境和地理条件具有天然优势；（3）产品无法储存；（4）存在规模经济特征；（5）顾客需要的可靠和稳定的供给安排，通常只能在垄断的条件下实现。① 法勒认为其中最重要的特征便是这些产业的生产必须具有规模经济的特点。伊利（Ely）又把自然垄断直接划分为三类：（1）依靠独一无

① Farrer, T. H. , *the State in its Relation to Trade* [M] . London: Macmillan, 1902.

二的资源而形成的垄断；（2）依靠信息独占和特权（专利）而形成的垄断；（3）依靠该产业的特殊性而形成的垄断。并认为，自然垄断源于生产的规模经济状况①。这个界定与法勒基本一致，但远不如法勒的界定准确。

由此可见，早期的经济学家虽然认识到了规模经济对自然垄断的作用，但没有把规模经济单独作为自然垄断的成因，自然特性仍然占据着重要的地位。

（二）基于规模经济的自然垄断理论

1887 年，亚当斯依据规模收益不变、规模收益下降和规模收益上升三种情况把产业分为三类，认为应该对前两类产业实行市场机制，而对第三类规模收益递增的产业实行政府管制。另外，早期克拉克也对规模经济进行了讨论，他认为自然垄断不过是一种具有显著长期规模经济的行为②。而克拉森和米勒（Clarkson and Miller）则明确指出，自然垄断的基本特征是生产函数规模报酬递增，即平均成本随着产量的增加而递减。这样，由一家企业提供产品就比多家生产效率更高，成本更低。假定一个产业只能容纳一家企业的生存，那么就会有一个幸存者为了降低成本而不断扩大产量，进行低价竞争，最终把对手挤出市场，形成垄断，这就是自然垄断③。同时，利普西、斯坦纳和珀维斯（Lipsey, Steiner and Purvis）也认为，自然垄断的产生根源在于规模经济。如果在一个很大的产量区间内，长期平均成本下降，大企业的平均成本就会比小企业低得多④。其后，沃特森（Waterson）简单将自然垄断归结为一种状况：单个企业能比两家或两家以上的企业更有效率向市场提供同样数量的产品⑤。基于规模经济的自然垄断产业特点如图 2 - 1 所示。

① Ely, R. T. , *Outlines of Economics* ［M］. New York: Macmillan, 1937.

② Clark, J. M. , Toward a Concept of Workable Competition ［J］. *The American Economic Review*, 1940, 30 (2): 241 - 256.

③ Clarkson, K. W. and Miller, R. L. , *Industrial Organization: Theory, Evidence and Public Policy* ［M］. New York: McGraw - Hill, 1982.

④ Lipsey, R. G. , Steiner, P. O. and Purvis, D. D. , *Economices - 8th ed* ［R］. Harper & Row, 1987.

⑤ Waterson, M. , *Regulation of Firm and Natural Monopoly* ［M］. New York: Basil Blackwell, 1988.

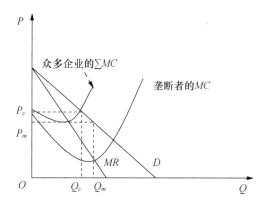

图 2 - 1　基于规模经济的自然垄断

在图 2 - 1 中，某产品在竞争条件下的市场供应曲线是若干家企业的 $\sum MC$，它是这几家企业在其平均可变成本曲线最低的边际成本曲线的水平加总线；P_c 是均衡价格；Q_c 是均衡产量。若假设这几家企业被一家垄断企业所替代，如垄断企业确实存在成本优势，新的边际成本曲线（即垄断者的 MC）将全部落在原来的产业供给曲线之下。垄断者若以边际收益等于边际成本的价格确定产量 Q_m，并制定相应的价格 P_m，就能以较低的价格提供更多的产品，从而增进社会福利。

从上述文献综述可以看出，经济学家逐步不再将自然垄断赖以形成的自然因素或自然条件作为自然垄断根本特征，而将规模经济作为理论基础和根本出发点，这形成了比较成熟的自然垄断理论。从自然垄断产业的定义——"如果由一个企业生产整个产业产出的生产总成本比两个或两个以上企业生产这个产出水平的生产总成本低，则这个产业是自然垄断的"[①] 来看，传统上对自然垄断的理解是假设自然垄断厂商只提供一种产品或服务。

（三）基于成本弱增性的现代自然垄断理论

现实经济生活中的企业只单独生产单件产品的情况是十分罕见的，几

---

① 约翰·伊特韦尔、默里·米尔盖特、彼得·纽曼编：《新帕尔格雷夫经济学大辞典》，经济科学出版社 1996 年版。

乎所有的企业都是生产多种产品的，因而基于单一产品的规模经济和自然
垄断的概念解释力明显不足，必须把规模经济、自然垄断概念和相关命题
扩展到多产品情况。而且，人们也发现，现实中有些自然垄断企业并不满
足平均成本递减的要求，其生产处于规模不经济阶段，这引起了经济学家
的质疑。邦布赖特（Bonbright）考察了范围经济在自然垄断形成中的作
用。他认为，对于某些公共设施的服务来说，即使在单位成本上升的情况
下（即不存在规模经济时），由一家企业提供服务也是最经济的[①]。另外，
卡恩（Kahn）也进一步指出，应对规模经济导致自然垄断的观点持谨慎
态度[②]。这就使得经济学家对自然垄断的成因有了思考，寻求对自然垄断
重新进行正确的定义。有些经济学家对自然垄断的定义开始转向成本弱增
性（Subadditivity），以及与之相关的范围经济（Economics of Scope）。

　　为了克服传统规模经济描述性定义的不足，鲍莫尔、潘扎和威林
（Baumol, Panzar and Willig）从成本函数的角度重新定义了规模经济和劣
加性的概念[③]，他们认为从成本函数角度看，规模经济的程度可以用 S
$(y, w) = C(y, w) / \sum y_i C_i(y, w)$ 衡量。当 S 的值大于、等于或小
于 1 时，分别对应着规模收益（局部）递增、不变或下降。其中 $y = (y_1, y_2, \cdots, y_m)$ 为产出产品的向量组合，$w = (w_1, w_2, \cdots, w_r)$ 为
不变的要素价格向量，$C(y, w)$ 为成本函数，$y_i > 0$，$C_i \equiv \alpha C / \alpha y_i$[④]。

　　同时，鲍莫尔、潘扎和威林及夏基（Sharkey）等人还利用成本劣加
性的概念严格定义了自然垄断产业[⑤]。

　　定义 1：（成本函数的严格劣加性）如果对任意的产出向量 y_1，
$y_2, \cdots, y_k$，$0 < y_i < y$，$y_{i \neq} y$，$i = 1, 2, \cdots, k$；$\sum y_i = y$，有 $C(y) < \sum$

　　① Bonbright, J., *Principles of Public Utility Rates* [M]. New York: Columbia University Press, 1961.

　　② Kahn, A. E., *The Economics of Regulation: Principles and Institutions* (Vol. II) [M]. Cambridge: MIT Press, 1971.

　　③ Baumal, W. J. and Willing, R. D., Contestable Markets: An Uprising in the Theory of Industry Structure [J]. *American Economic Review*, 1982 (1): 1 – 15.

　　④ Sharkey, W. W., *The Theory of Natural Monopoly* [M]. Cambridge: Cambridge University Press, 1982.

　　⑤ Baumal, W. J. and Willing, R. D., Contestable Markets: An Uprising in the Theory of Industry Structure [J]. *American Economic Review*, 1982 (1): 1 – 15.

C（y_i）成立，则称成本函数 C（y）在产出水平 Y 具有严格劣加性（sub-additivity·)。

定义2：（自然垄断）在所有相关产出范围内，成本函数都具有严格劣加性，则该产业被称为自然垄断产业。或者说，在所有产出水平 Y 的范围内，对任意的 $y_i \leqslant y$，成本函数 c（y）都具有严格劣加性，则该产业是自然垄断产业。也就是说，该产业中直到产量 y 都属于自然垄断，即意味着一家企业生产全部产品时的成本比由两家或两家以上企业生产时的成本还低。亦即在某一多产品的企业中，只要一家企业生产所有产品的总成本小于多家企业分别生产这些产品的成本之和，那么该产业是自然垄断产业。

以成本弱增性重新定义的自然垄断概念论证了自然垄断不仅可以存在于规模经济阶段，在规模不经济阶段也可以成立，只要单个企业能比两家或两家以上的企业更有效率（成本更低）地向市场提供同样数量的产品即可。其解释力明显强于把规模经济看做是自然垄断根源的早期自然垄断理论。成本弱增性概念的提出，也标志着自然垄断理论的研究范围从单一产品领域向多产品领域的拓展。

二　管制公共利益理论

政府管制是行政机构制定并执行的直接干预市场机制或间接改变企业和消费者供需决策的一般规则或特殊行为。即为政府对市场的干预或者政府对企业经营实行的某种限制①。对于传统的管制理论来说，由于自然垄断产业具有固定网络系统、基础设施的高固定成本，"沉淀性"大，而且，具有显著的规模经济和外部经济性②。这些特征使得自然垄断产业会出现市场失灵，因此，这就形成了管制的公共利益理论。

管制公共利益理论产生的直接基础是市场失灵。新古典经济学认为市场失灵是政府对微观领域进行管制干预的前提。市场失灵通常会产生于自然垄断、外部性、信息不对称等领域。在市场容易出现失灵的环节，政府作为社会福利最大化的公共利益代表者，如果自由市场在有效配置资源和满足消费者需求方面不能产生良好绩效，则政府将管制市场以纠正这种情

---

① 史普博：《规制与市场》，上海三联书店1999年版。
② 茅铭晨：《政府管制理论研究综述》，《管理世界》2007年第2期。

形，这符合以公众利益为出发点的政府行为。因此，公共利益理论基础是市场失灵和福利经济学。

管制公共利益理论的维护者坚持实行政府管制是必要并且也是可行的。波斯纳（Posner）认为，自由放任的市场运行特别脆弱，并且在运作上也难以保证效率。其思想的提出有两个基本假定：一方面如果让市场任其发展，其脆弱性容易出现缺乏效率和公平的问题；另一方面政府管制行为几乎是无成本的。这就意味着政府可以通过管制来纠正市场的失灵①。沙维尔（Sharvell）还从交易成本的角度分析了政府管制的必要性：管制不仅可纠正市场失灵，而且管制比法律更具有成本优势②。而且，政府管制还可以减弱市场运作风险③。这些理论成为政府公共利益理论的代表。

基于以上理论，由于自然垄断产业具有巨大的网络固定成本和沉淀成本，因此，如果允许自然垄断企业自由进入和竞争，在市场优胜劣汰的过程中，必然会造成社会资源的极大浪费，因此政府对自然垄断产业实行进入管制，以避免过度投资以及规模不经济的问题。另外，由于自然垄断产业中企业会通过垄断来控制市场价格，造成整体社会福利的损失，因此，政府又通过价格管制使社会福利尽量接近完全竞争下的市场状况。

在相当长的时期，管制公共利益理论在自然垄断产业占据着统治地位，但是，该理论逐步受到学者们的挑战和批评。在理论基础方面，受到了迈克尔·尤顿（Michael Utton）的批评，他运用次优理论指出，在自然垄断产业通过价格管制来模仿完全竞争下的市场状况，并不能起到资源配置最佳的效果，相反会出现经济背离现象④。在实证层面，对管制政策效果的实证研究还表明，管制实际上并不总能有效约束企业的定价行为。施蒂格勒和弗里德兰（Stigler and Friedland）实证指出管制只是导致了价格

① Ponser, R. A. , Theories of Economic Regulation [J] . *Bell Journal of Economics*, 1974, 5 (2): 335 – 358.

② Steven, S. , Liability for Harm Versus Regulation of Safety [J] . *Journal of Legal Studies*, 1984 (5): 357 – 374.

③ Owen, B. M. and Braeutigam, R. R. , *The Regulation Game: Strategic Uses of the Administrative Process* [M] . Cambridge, Massachusetts: Ballinger, 1978.

④ Utton, M. , *The Economics of Regulating Industry* [M] . Oxford, Basil Blackwell: Oxford University Press, 1986.

的小幅下降，而并不像管制公共利益理论所宣称的那样会大大降低垄断价格[①]。其他经济学家也发现对自然垄断产业的管制偏离了提高社会福利的初衷，管制反而造成了巨大的成本。例如，在航空业，基利（Keeler）发现，管制不仅使得 1969—1976 年期间的航空运费提高了 22%—55%，也使得每年多花费达 18 亿美元[②]。另外穆尔（Moore）对铁路、载货卡车和水路运输业的估算指出，管制使得运价提高，并且每年多花费消费者 40亿—90 亿美元[③]。因此，以上理论和实证文献对管制公共理论的质疑，为自然垄断产业放松管制提供了原因解释。

三　放松管制理论综述

20 世纪 70 年代后期以来，西方发达国家对自然垄断产业的管制出现了放松趋势，对传统的管制理论形成了挑战，逐步形成了以对自然垄断产业放松管制为基本方向的管制理论。其中具有代表性的是管制俘获理论、可竞争市场理论和自然垄断的弹性管制理论，以及建立在"管制失效"基础上的激励性管制理论。这些理论的形成与发展，对这一时期世界自然垄断产业放松管制改革提供了重要的理论基石。

（一）政府管制俘获理论

政府管制俘获理论是政府失灵理论的一个重要分支，是诠释政府放松、解除政府管制主张的一个重要理论。施蒂格勒（Stigler）从政府能够向产业集团提供多少利益，以及产业集团为了谋求有利于自身的立法所需付出的成本这两个方面，分析了政府管制是由对管制需求和供给共同作用的结果。而且，管制是由产业争取过来的，并且管制的设计和操作也主要是为产业利益集团服务的，因此，管制总是满足在政治上更有影响力的利益集团[④]。佩尔茨曼（Peltzmann）认为，在管制立法和管制执法两个层次

①　Stigler, G. and Frieldland, C. J., What can the Regulators Regulate: The Case of Electricity [J]. *Journal of Law and Economics*, 1962（5）：1 – 16.

②　Keeler, T., Airline Regulation and Market Performance [J]. *Bell Journal of Economics and Management Science*, 1972（3）：399 – 424.

③　Moore, Deregulating Surface Freight Transportation [M]. In Almarin Phillips, ed., *Promoting Competition in Regulated Markets*. Washington, D. C.：Brookings Institution, 1975.

④　Stigler, G., The Theory of Economic Regulation [J]. *Bell Journal of Economics*, 1971（2）：3 – 21.

上存在政府管制市场，在利益驱动下，被管制者总会千方百计进行"寻租投资"，企图影响管制立法和管制执法，而管制者通常会被收买。然而，尽管存在政府管制俘获问题，管制在经济上还是有效的[①]。维库什、弗农和哈林顿（Viscusi, Vernon and Harrington）更鲜明地指出，管制的供给是为了满足产业利益集团的需要（即，管制立法者被产业俘获），或者随着时间推移，管制者被特定的利益集团所控制（即管制执法者也被产业俘获）[②]。因此，管制者所设计和实施的管制政策一般会有利于该产业，提高的是产业利润而不是社会福利。

政府管制俘获理论揭示了这样一个现象：政府通过自己的管制行为造成了具有自然垄断地位的强大垄断者，而后者则得以利用其强大的垄断力量和"寻租投资"来影响政府，使得政府的决策进一步对它有利。于是管制迷失了方向，原本为公共利益服务的管制被私人利益破坏了；管制当局被"收买"，管制者被被管制者所"俘获"，从而造成政府失灵。其逻辑就是，既然政府失灵，管制就应当被放松或解除[③]。

（二）可竞争市场理论

可竞争市场理论（Theory of Contestable Markets）是美国著名经济学家鲍莫尔、潘扎和威林在 1982 年出版的《可竞争市场与产业结构理论》一书中提出来的[④]。他们认为，可竞争市场存在着潜在的竞争威胁，这种潜在竞争压力可以产生合意的市场绩效。即使寡占和自然垄断市场，可竞争性也能保证没有超额利润、没有低效厂商、没有交叉补贴、边际成本定价（寡占市场）和拉姆齐（Ramsey）定价（自然垄断）。因此，可竞争市场是完全竞争市场的一般化，可以替代完全竞争衡量市场绩效[⑤]。

可竞争市场理论的基本假设条件是：（1）企业进入和退出市场（产

① Peltzman, S., Towards A More General Theory of Regulation [J]. *Journal of Law and Economics*, 1976 (19): 211 – 240.

② Viscusi, W. K., Vernon J. M. and Harrington, J. E., *Economics of Regulation and Antitrust* (3rd Edition) [M]. Massachusetts: The MIT Press, 2000.

③ 茅铭晨：《政府管制理论研究综述》，《管理世界》2007 年第 2 期。

④ Baumal, W., Panzar J. and Willing, R. D., *Contestable Markets and the Theory of Industry Structure* [M]. New York: Harcourt Brace Jovannovich, 1982.

⑤ 闫星宇：《可竞争市场理论综述》，《产业经济研究》2009 年第 9 期。

业）是完全自由的，相对于现有企业，潜在进入者在生产技术、产品质量、成本等方面不存在劣势；（2）潜在进入者能够根据现有企业的价格水平评价进入市场的盈利性；（3）潜在进入者能够采取"打了就跑"（hit and run）的策略。甚至一个短暂的盈利机会都会吸引潜在进入者进入市场参与竞争；而在价格下降到无利可图时，它们会带着已获得的利润离开市场。即它们具有快速进出市场的能力，由于它们在撤出市场时并不存在沉淀成本，所以，不存在退出市场的障碍①。

可竞争市场理论可概括为两个方面。一方面，在可竞争市场上不存在超额利润。因此，垄断企业只能制订超额利润为零的"可维持价格"，以防止潜在进入者与其发生竞争，即垄断不阻碍市场的竞争性。另一方面，在可竞争市场上不存在任何形式的生产低效率和管理上的 X—低效率。因为生产和管理上的低效率都会增加不必要的成本，这些非正常成本像高于平均利润的非正常利润一样，会吸引效率较高的潜在竞争者进入市场②。因此，虽然从短期看，现有企业可能存在低效率现象，但从长期看，潜在进入者的威胁会迫使现有企业消除生产和管理上的低效率问题。按照可竞争市场理论，政府管制是完全没有必要的，因此，放松政府管制并允许企业进入市场，进行竞争是更为有效的办法。

20 世纪 70 年代以来，随着技术迅猛发展，使得电信、航空、电力等产业不再完全是自然垄断产业，原来政府对自然垄断产业进行管制的理论基础受到了动摇。因此，在美国、英国等发达市场经济国家掀起了放松管制改革的浪潮。而可竞争市场理论，则成为 80 年代初美国等发达国家自然垄断产业放松管制改革的主要理论依据。

（三）管制激励理论

管制的激励理论最大的特点是将激励引入到信息不对称条件下管制问题的分析中来。该理论代表人物拉丰认为新管制经济学突破了传统管制理论，主要研究在信息不对称条件下的激励问题③。新管制经济学使用委托

---

① Baumal, W., Panzar J. and Willing, R. D., *Contestable Markets and the Theory of Industry Structure* [M]. New York: Harcourt Brace Jovannovich, 1982.

② Ibid. .

③ Ibid. .

—代理理论的方法对管制者和被管制企业之间的契约关系进行分析，与传统管制理论着重于分析特殊的管制制度不同，新管制经济学沿袭机制设计的传统，以描述最优规制机制的特征为目的[①]。另外，日本著名的管制经济学家植草宜给出了管制的激励理论的基本定义：在保持原有管制体系的条件下，设计出既能充分激励被管制企业，又能有效约束其利用自身的信息优势谋取不正当利益的激励管制合同或机制，也就是给予受管制企业以竞争压力和提高生产或经营效率[②]。

新管制经济学分析管制问题的基本思路是建立在委托—代理模型基础上的，其中委托人是国家或管制机构，代理人是被管制的企业。代理人的信息优势和策略性行为形成激励性约束，而委托人就是在这种激励性约束下进行社会福利的最大化。管制问题实质上是在不完全信息条件下的最优控制问题。Vogelsang 认为激励性管制的主要类型包括：特许投标管制、区域间竞争管制、延期偿付率管制、利润分享管制、联合回报率管制、菜单管制以及价格上限管制，等等[③]。在管制激励理论指引下，英国在 20世纪 80 年代初进行的自然垄断产业放松管制改革中，首先引入了激励性管制实践，到 90 年代，各种具体的激励性管制措施已经在欧、美等西方国家自然垄断产业放松管制改革中得到了广泛应用。

（四）自然垄断弹性管制理论

前文已提及，鲍莫尔、潘扎和威林用成本劣加性重新定义了自然垄断产业，扩大了自然垄断产业的外延。新定义认为只要单一企业的总成本低于多家企业的总成本，不管单一企业的平均成本上升还是下降，都是自然垄断。也就是说，当单一企业的总成本低于多家企业的成本之和时，单一企业的平均成本可能上升，也可能下降。对自然垄断的新认识使得自然垄断定价的矛盾不再成为必然，可以用图 2 - 2 予以说明。

在图 2 - 2 中，MC 为边际成本，AC 为平均成本，D_1、D_2、D_3 分别为不同的需求曲线。如果规制机构要求企业按照边际成本定价，产量就由需

---

① Laffont, J. J. , The New Economics of Regulation Ten Years After ［J］. *Econometrica*, 1994, 62（3）: 507 - 537.

② 植草宜:《微观规制经济学》，中国发展出版社 1992 年版。

③ Vogelsang, I. , Incentive Regulation and Competition in Public Utility Markets: A 20 Years Perspective ［J］. *Journal of Regulatory Economics*, 2002, 22（1）: 5 - 17.

求曲线与边际成本的交点决定。根据需求水平的不同，可以分为三种情况：（1）需求曲线为 D_1，产量为 Q_1，此时边际成本曲线处于下降阶段，边际成本小于平均成本，边际成本定价导致企业亏损，边际成本定价的矛盾依然存在。（2）需求曲线为 D_2，产量为 Q_2，边际成本等于平均成本，边际成本定价使企业盈亏平衡。（3）需求曲线为 D_3，产量为 Q_3，平均成本处于上升阶段，边际成本大于平均成本，边际成本定价导致企业盈利。

现代经济学把第一种情况下的自然垄断称为强自然垄断，第二种及第三种情况下的自然垄断称为弱自然垄断。在强自然垄断中，边际成本定价的矛盾依然存在；而在弱自然垄断中，边际成本原则保证了企业不亏损，同时也实现了社会福利最大化，边际成本定价的矛盾不再存在。

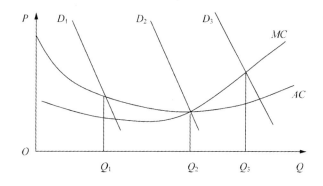

图 2-2 自然垄断分类（强自然垄断和弱自然垄断）

根据自然垄断产业强弱，伯格和奇尔哈特（Berg and Tschirhart）提出了管制对策，指出要根据不同情形对自然垄断产业制定管制对策。该理论的基本思想是：当其他企业进入自然垄断产业存在着高壁垒时，无论是强自然垄断还是弱自然垄断，都需要政府对垄断企业的行为进行管制，特别是价格管制和产品与服务质量管制；当其他企业进入自然垄断产业没有壁垒时，可根据垄断企业对新进入者的竞争是否具备承受能力分别处理：不具备承受力时，不仅垄断企业的行为要受到管制（价格管制以及产品和服务质量管制），而且该行业内的竞争程度也必须受到管制（进入管制）；具备承受力时，没有必要对该产业进行管制，因为潜在竞争者的进入将迫使垄断企业制定盈亏平衡的价格（强自然率垄断）或者边际成本价格

（弱自然垄断），同时努力降低成本①（见表2-1）。

从以上分析可以看出，当自然垄断有了强弱之分后，管制就需要区别对待。需要考虑两个关键问题：一是潜在进入者有无进入壁垒，这关系到对自然垄断企业提供的服务质量和价格是否有必要实施管制；二是自然垄断企业是否具有承受力，这关系到对自然垄断行业内的竞争是否有必要进行进入管制。因此，当强自然垄断转变为弱自然垄断，自然垄断产业对竞争具有承受能力时，对自然垄断产业就应该放松管制。而且当弱自然垄断变为竞争性产业，这时产业更需要完全放松管制，才能提高产业绩效。

表2-1 强、弱自然垄断的管制对策

垄断类型	进入壁垒高	无进入壁垒	
		有承受能力	无承受能力
强自然垄断	管制：使价格高于边际成本以消除企业亏损，同时避免垄断价格	不管制：借助潜在竞争者进入市场的威胁，迫使垄断者制定盈亏平衡的价格	管制：（1）使价格高于边际成本以消除亏损，同时避免垄断价格；（2）不允许潜在竞争者进入市场
弱自然垄断	管制：使价格等于边际成本，允许企业盈利	不管制：借助潜在竞争者进入市场的威胁，迫使垄断者制定边际成本价格	管制：（1）使价格高于边际成本，允许企业盈利；（2）不允许潜在竞争者进入市场

随着科学技术的发展，自然垄断产业许多环节已经失去了自然垄断性质。例如，电信产业中的长途电话、移动通信及增值服务环节，已经不再具有自然垄断特征，但是本地电话网、光缆网依然具备自然垄断特征；电力产业的输电、配电网络环节具有自然垄断特征，但是发电售电环节已成为竞争环节；航空产业的机场、空中管制网络仍是自然垄断环节，但是民航客运、货运、航油、航材及其他服务却可以引入竞争②；铁路产业中铁

---

① Berg, S. V. and Tschirhart, J., *Natural Monopoly Regulation—Principles and Practice* [M]. Cambridge: Cambridge University Press, 1988.

② 戚聿东、柳学信：《中国垄断行业的竞争状况研究》，《经济管理·新管理》2006年第1期。

路网络仍具有强自然垄断属性，但是铁路客货运输已具备弱自然垄断属性，可以引入竞争。

在我国自然垄断产业放松管制改革前，产业保持着高度国有垄断，其垄断带来了组织的低效，垄断利润低下。20 世纪 90 年代，我国进行了放松管制改革。电信部门经过三次拆分重组后，移动通信和长途业务由刚刚重组后的三家运营商来竞争，由垄断走向了垄断竞争格局；2002 年我国对电力产业进行了横、纵双向拆分，实现了"厂网分离"，发电产业则形成竞争，而具有自然垄断性质的电网则由南北电网垄断；2001 年年初民航业重组形成了"三大航空集团"，占航空业份额的 80%，奥凯航空公司、春秋航空公司、鹰联航空公司、东星航空公司等民营航空公司也进入航空市场进行竞争，基本实现了竞争的局面。但是在铁路产业，改革三十多年来，中国依然保持着计划经济体系时的国家垄断经营、集中统一指挥的管理体制。本应放松管制的环节依然保持着垄断，作为国家基础产业隐藏着很多弊端。

第二节　我国自然垄断产业放松管制改革研究综述

20 世纪 90 年代以来，我国自然垄断产业进行了渐进式放松管制改革，取得了斐然的经济成就。同时，也浮现出诸多问题。尤其在自然垄断性国有企业繁荣的背景下，放松管制改革进展缓慢。2008 年年初的雪灾，南方大面积停电、铁路停运和电信瘫痪，又把关系到国家经济命脉和安全的自然垄断产业改革推向了风口浪尖。基础产业的延迟推进、滞后改革，甚至旧体制的复归，这些只能给我国经济"又好又快"发展带来不和谐的因素。从经济学研究的角度看，中国存在的问题、走过的道路、取得的成就，可以说没有现成的理论可以解释[①]，作为经济研究工作者，根据中国自然垄断产业的状况，找出放松管制改革的可行办法，需要学者在该领域持续研究。有鉴于此，本书对中国自然垄断产业放松管制改革的文献进行综述，为未来研究作出更好的铺垫。本书以放松管制改革为主线对研究

---

① 林毅夫：《现有理论尚难解释中国奇迹》，《人民论坛》2008 年第 2 期。

文献进行了回顾和评述，试图认清这场改革的逻辑基础，为将来的改革探索研究方向。首先，综述了自然垄断产业放松管制改革的国际实践借鉴，其次，对我国自然垄断产业放松管制改革方案进行了评述，最后，总结并提出进一步的研究展望。

一　国外放松管制改革借鉴的相关研究

自然垄断理论和管制理论的发展，以及可竞争市场理论的出现，使自然垄断产业严格管制思想越来越站不住脚，自 20 世纪 70 年代末期以来，美、英、日等发达国家开始对自然垄断产业进行放松管制改革。温斯顿（Winston）总结了美国自然垄断产业放松管制改革 20 年来的产业绩效改善和消费者福利的提升（见表 2 - 2），指出放松管制将提升消费者福利，使得市场竞争更加激烈，企业通过创新提高了效率、增强了客户反应敏捷度，这是一个有益于社会发展的改革调整①。美国放松管制改革的成功引起世界各国关注，日本、欧盟等国家也纷纷实行了放松管制改革。自 80 年代以来日本政府不断放松管制，已取得了初步成效：防止了国家管制僵硬不变的状态，适应了经济、社会新形势变化的要求；扩大了民间企业的发展机会，促进了国有企业民营化及经营机制的转换；扩大了内需，满足了国民多样化的需求；推动了日本经济的国际化②。但是 90 年代前后日本受垄断集团的影响，商业领袖和政府官员认为反垄断法会削弱产业实力，并且认为竞争会带来资源浪费、加剧企业破产和失业，结果，过度管制导致了日本经济从 1990—2002 年的萧条；日本经济 2003 年以后的复苏，得益于放松管制促进了产业竞争，从而提高了产业绩效，电信产业将国有垄断公司的网络对外开放，使日本电信成本降低到几乎世界最低的水平③。从国际上看，自然垄断产业放松管制改革是不可遏止的趋势，目前，国内有些学者还认为竞争会影响我国自然垄断产业整体实力和产业安全，甚至一些垄断企业利益集团也想方设法遏制竞争，这种思潮和利益群体利益最大化将桎梏我国自然垄断产业的改革和发展。

---

① Winston，C.，U. S. Industry Adjustment to Economic Deregulation［J］. *The Journal of Economic Perspectives*，1998（3）：89 - 110.

② 刘昌黎：《日本的国家限制及其放宽的趋势》，《世界经济》1995 年第 4 期。

③ Risaburo，N.，Industrial policy in Japan［J］. *Journal of Industry，Competition and Trade*，2007（7）：229 - 243.

表 2 - 2   美国自然垄断产业放松管制改革的进展与绩效

产业	管制状态	产业绩效改善	消费者福利提高
民航	价格、进入和退出已经完全放松管制	粗略估计放松管制十年来，负载率从 52% 提高到目前的 62%，平均吨收入实际成本下降了 25%	粗略估计平均机票价格下降了 33%，服务频率明显提高
货物运输业	各州之间及其内部价格放开，进入和退出已完全放松管制	放松管制以来，运输业已经减少了空车公里数，每车公里的实际运营成本已经下降了 35%，但运营利润略微低于管制期	每车公里平均价格下降了 35%，服务时间大大提高
铁路业	多数价格包括合同价格已经分开，但是某些商品的价目依然服从最高指导价格	铁路业已停止使用 1/3 的轨道公里数，每吨公里实际运营成本下降 60%，铁轨利润大大高于管制期	每吨公里平均价格下降 50%，平均运输时间至少下降了 20%，运输时间标准差下降了 20%
银行业	通过放松管制取消了利率的上限，国会允许各州银行可以互相进入	电子存款的实际成本下降了 80%，由于分行放松管制，竞争使得运营成本下降了 8%，资产回报超过管制期	消费者从高利率、更好的管理风险条件以及更多的银行机构和自动服务中受益
天然气	天然气价格完全放松管制，独立运营商在联邦能源委员会的管制价格下互相竞争，管道储存服务、管网调配和输送服务完全市场化	峰值和非峰值期管道容量更加充沛使用。输配的实际运营和维护费用下降了约 35%	居民消费者平均价格下降了至少 30%，商业和工业消费者平均价格下降超过 30%，另外，服务更加可靠，短缺现象几乎消失

资料来源：根据克利福德·温斯顿、莫里林和温斯顿等人、享宁等人（Clifford Winston①，Morrison and Winston②，Winston et al. ③Henning et al. ④ 等）文献资料整理而成。

① Winston, C., U. S. Industry Adjustment to Economic Deregulation [J]. *The Journal of Economic Perspectives*, 1998 (3): 89 - 110.

② Morrison et al., Causes and Consequences of Airline Fare Wars [C]. Brookings Papers on Economic Activity: Microeconomics, 1996: 85 - 131.

③ Winston et al., Explaining Regulatory Policy [C]. Brookings Papers on Economic Activity: Microeconomics, 1994: 1 - 49.

④ Henning et al., Productivity Improvements in the Natural Gas Distribution and Transmission Industry [J]. *Gas Energy Review*, 1995 (2): 17 - 20.

　　鲁迅的"拿来主义"，是"取其精华，弃其糟粕"，走在我国前面的国际放松管制改革，虽然改革成效卓然，也有许多经验教训，而且各国的具体国情不同，因此，有些改革措施也不是放之四海而皆准的。美国电力产业放松管制改革虽然取得了成功，但是也有加州电力危机的惨痛教训。这次危机却进一步说明了电力管制放松必须包括市场准入、价格形成机制、远期合约交易等多个环节上的放松。在完整有效的市场上，每个环节之间是一种相互支撑和联系的关系，希望通过仅仅放松几个环节，忽视了其他环节的连锁关系，很可能形成像加州电力危机这样的局面[1]。放松管制改革是一个系统的改革，需要一系列机制和管制措施的跟进，盲目推进改革必然影响产业绩效，甚至带来产业危机。沃尔斯登（Wallsten）[2]通过实证研究发展中国家电信产业改革得出结论，认为竞争有利于提高经济绩效，但是私有化只有在独立管制存在的情况下才有效率。私有化是放松管制方式之一，但是，政府必须构建独立于政府的管制机构，另外也需要建立适应新形势的管制措施，目前我国依然缺乏独立管制机构。与我国具有相似计划经济体系的俄罗斯，正是在转型初期便实施自然垄断产业的私有化，由于配套的管制体制缺失，造成严重的消极后果[3]。作为发展中国家，在管制体系缺失的状况下过快私有化也是不可取的。

二　我国放松管制改革方案的相关研究

（一）自然垄断产业引入竞争与有效竞争研究

　　我国从 20 世纪 90 年代开始逐步对自然垄断企业引入竞争、分拆和重组。1994 年组建联通公司构建电信产业的竞争，张宇燕[4]分析了联通公司的创建过程，认为放松产业管制，有利于减少补贴性财政支出，另一方面增加了"税收"，形成了双寡头垄断博弈局面。但是，从改革设计上与联

---

　　① 朱志强、蒲新华、连明澄、程迈越：《加州电力危机再认识——美国电力改革的经验教训与电力企业风险》，《中国电力企业管理》2003 年第 11 期。

　　② Wallsten, S. J. , An Econometric Analysis of Telecom Competition, Privatization, and Regulation in Africa and Latin America ［J］. *The Journal of Industrial Economics*, 2001（1）：1 - 19.

　　③ 曲文轶：《转轨经济中自然垄断产业的私有化：俄罗斯案例分析》，《俄罗斯中亚东欧研究》2004 年第 5 期。

　　④ 张宇燕：《国家放松管制的博弈——以中国联合通信有限公司的创建为例》，《经济研究》1995 年第 6 期。

通公司成立初期所达到的效果并不明显，没有达到促进电信产业竞争的目的。1999—2003 年国务院对电信总局进行了纵向分割和重组，逐步减少了最终用户的消费价格，增强了企业竞争能力。近年来，民航业也进行了纵向分割，并引入民营航空竞争对象；电力产业实现厂网分离、推动竞价上网。这些改革措施逐步形成了我国自然垄断产业竞争的局面，推动了这些产业的迅速发展。但是，目前，我国自然垄断产业有效竞争的局面并没有形成，铁路产业依然高度垄断，造成了铁路投资滞后、"一票难求"、管理松懈等问题；电力产业在厂网分离后，由于供方市场存在，以及配售一体，使得竞争状况并不明显，形成了电网建设滞后，竞价上网难以实现；电信产业随着移动业务对固定业务的替代，形成了电信产业"一家独大"的垄断竞争格局，过度垄断不仅带来官僚、成本上升、技术创新动力不足等问题，而且，固网萎缩将导致大量固定资产的贬值。最近实行的电信产业重组改革有望解决电信产业有效竞争问题。因此，引入竞争后，有效竞争问题依然是我国自然垄断产业放松管制改革的关键。

那么，自然垄断产业在放松管制后如何形成有效竞争呢？有效竞争的概念最早由克拉克（Clark）[1] 提出，认为有效竞争是规模经济和竞争活力两者有效协调的一种长期均衡的竞争状态。梅森（Mason）[2] 和索斯尼克（Sosnick）[3] 在总结众多经济学家研究成果的基础上各自提出了实现有效竞争的标准并推动了有效竞争理论的发展。我国学者王俊豪[4]认为有效竞争需要具备三个特征：一是有效竞争的收益大于竞争成本，这是有效竞争的最基本要求；二是有效竞争是一种适度竞争，既不能过度也不能不足；三是有效竞争应符合规模经济要求。根据以上理论，自然垄断产业适当引入竞争，会改变垄断局面，有效促进竞争。但是，由于自然垄断的规模经济属性决定了其过度引入竞争，会造成重复投资问题，反而会适得其反。

① Clark, J. M., Toward a Concept of Workable Competition [J]. *American Economics Review*, 1940 (30): 241 – 256.

② Edward, S. M., *Economic Concentration and the Monopoly Problem* [M]. Cambridge: Harvard University Press, 1957.

③ Stephen, H., A Critique of Concept of Workable Competition [J]. *Quarterly Journal of Economics*, 1958 (72): 380 – 423.

④ 王俊豪：《论自然垄断产业的有效竞争》，《经济研究》1998 年第 10 期。

要实现有效竞争，首先要区分具体产业中的自然垄断性业务和非自然垄断性业务，并实行区别对待的管制政策①。自然垄断性业务过度进入必然引起规模不经济，而非自然垄断业务就要放松进入，过度管制必然带来社会福利损失。我国铁路产业中客货运输业务、电信产业中的长途业务、移动业务以及电力产业销售环节已经明显失去自然垄断性，但是，依然严格管制，没有形成有效竞争，这是未来自然垄断产业放松管制改革的重点领域。

（二）我国自然垄断产业改革中所有制形式研究

在我国，民航、电信、铁路、电力等基础部门，历来被看做国民经济的命脉，由国家直接投资建设，实行国有企业垄断经营，这些部门的特征是国家垄断、政府行政垄断，所有制结构高度国有化、单一化。目前，主张国有资本从竞争领域中退出，在理论界似乎占据主流地位，但是，在我国自然垄断产业放松管制改革实践中主要是保持国有控制的基础上引入竞争。理论界对于自然垄断产业该采取何种所有制形式，存在不同看法。

一种观点认为，政府仍应控制自然垄断行业。因为国有企业垄断比由私人企业垄断更有利，由于自然垄断产品往往具有公共物品的性质，政府介入是解决公共物品问题的有效途径，加之自然垄断行业属于事关国计民生的经济"命脉"，国家对此应进行控制。

与以上论述相反的观点，刘灿②指出在实践中自然垄断产业的国有化治理有三个难以解决的问题：一是企业的 X—低效率；二是政府承受的巨大财政负担和这些产业的投资不足；三是政企关系。如果改革仅仅是在原有国有经济框架内引入竞争机制，视野仍然比较狭窄，可以将国有企业视为自然垄断的一种治理方式，而不是将其视为与社会经济制度直接相关的组织形式③。

那么，到底我国自然垄断行业是否需要民营化改革？第三种观点认为自然垄断行业是否需要进行民营化改革的关键在于成本—收益的分析。不

---

① 王俊豪：《中国垄断性产业结构重组分类管制与协调政策》，商务印书馆 2005 年版。

② 刘灿：《试论我国自然垄断行业放松管制的所有制基础与企业改革》，《经济评论》2004年第 4 期。

③ 肖兴志、张曼：《美英日自然垄断型企业改革的共性研究》，《中国工业经济》2001 年第 8 期。

能先入为主地设定自然垄断行业应该是国有企业控制还是实行民营化，可以将国有企业看做资源配置的一种方式或国家进行宏观调控的微观基础，同样道理，也不能将民营化作为改革的目的，为民营化而民营化。自然垄断行业所有制改革的根本目的在于提高效率，这一点应该是检验所有制改革的最终标准①。

(三)　我国自然垄断产业放松管制改革的路径研究

我国是一个由计划经济向市场经济转型的国家，世界上也有许多国家与我国的情况比较类似。如俄罗斯，但在自然垄断产业放松管制改革中，俄罗斯采取了私有化方式解决产业竞争的问题，而我国却采取了先引入竞争然后进行所有制改革的渐进式改革方式，从而获得了巨大的成功。对比我国与俄罗斯等国家改革进程，俄罗斯改革过于强调速度，"休克疗法"过于草率，很少去增强市场力或竞争力，在私有化垄断产业过程中，更是没有加强经济竞争的自然本质②。私有产权和竞争是市场经济的两个最基本的内容。但是，引入私有产权和竞争的顺序非常重要。让一个私有公司与一个国家所有的垄断企业进行竞争可以产生让后者变得更有效率的压力，并最终导致私有化。虽然竞争会导致私有化，但反之不成立。私有化的垄断企业常常试图用金钱和政治影响阻碍改革，特别是那些有可能带来更大程度的竞争的改革。其结果是，租金从公共部门转移到私有部门，而效率、价格或者服务上的收益却很小。所以，从实证角度来看，中国自然垄断产业改革中先引入竞争后再进行私有产权改革的途径是正确的③。

那么，我国自然垄断产业在引入竞争取得阶段性成功后，可以借鉴世界发达国家的产业改革经验，进一步放松管制、进行民营化改革。民营化改革可以采取多种途径和方式：将部分竞争性领域的国有资产转让给民营企业；国有企业也可通过股票上市等形式，进入资本市场融资，以增强国有企业的经济实力和影响；还可以通过特许投标等形式，由高效率的民营企业经营部分国有资产，实行国有民营；作为民营化改革的重要途径，政

①　林木西、和军：《自然垄断行业所有制改革研究》，《经济社会体制比较》2004 年第 4 期。

②　Goldman, M., The Pitfalls of Russian Privatization [J]. Challenge, 1997 (4–5)：35–49.

③　约瑟夫·斯蒂格利茨：《促进规制与竞争政策：以网络产业为例》，《数量经济技术经济研究》1999 年第 10 期。

府当然还要鼓励相当数量的民营企业逐渐进入自然垄断产业①。

通过这些学者的研究，我国自然垄断产业改革的途径已经非常明朗：在原有产权框架下，首先引入竞争，提高企业效率。目前，这种局面基本实现，只是，铁路产业依然保持着政企合一的特征。通过借鉴西方国家产业改革的成功经验，进行民营化（产权）改革，并且给出了具体的民营化改革方式。但是，自然垄断产业关系到国家的经济命脉，而且涉及固定资产投资庞大，对于民营经济和国外企业来说，具有较高的进入壁垒。我国是世界经济大国，林毅夫②预测到 2030 年中国的人均收入可望达到美国的一半，且中国人口为美国的 5 倍，届时中国的整体经济规模将是美国的 2.5 倍，为全球最大的市场。那么，过度引入竞争力强大的国际企业进入我国自然垄断产业，无疑将这个关系国家发展命脉的大市场让渡给国际企业，也有产业安全隐患。另外，民营化后自然垄断产业是否能够得到健康发展，我国管制体系的重新构建是一个核心的问题，当然，国家对这个产业的控制力也将是面临的一个难题。

三 我国放松管制改革难点问题的相关研究

（一）行政垄断问题引起学者的重视

在目前体制转轨阶段，中国的反垄断主要就是反行政垄断③。行政垄断是政府运用其行政权力排斥、限制市场竞争的行为或状态。会造成资源配置扭曲、社会福利损失、收入分配不均以及地方保护和区域市场分割等问题④。行政垄断比经济垄断更能扭曲市场交易行为以及阻碍市场竞争，这是中国所面临的一个紧迫的社会经济发展问题⑤。中国垄断性产业除存在自然垄断外，还同时存在行政垄断，这是中国垄断性产业垄断的二元性。对于具有自然垄断性业务设置行政壁垒，有助于提高经济效率，而对

---

① 王俊豪、周小梅：《中国自然垄断产业民营化改革与政府管制政策》，经济管理出版社 2003 年版。

② 林毅夫：《中国独特的新经济现象》，《哈佛商业评论》2008 年第 5 期。

③ 张维迎、盛洪：《从电信业看中国的反垄断问题》，《改革》1998 年第 2 期。

④ 于良春、杨骞：《行政垄断制度选择的一般分析框架——以我国电信业行政垄断制度的动态变迁为例》，《中国工业经济》2007 年第 12 期。

⑤ Yang, J., Market Power in China: Manifestations, Effects and Legislation ［J］. *Review of Industry Organization*, 2002 (21): 167 – 183.

竞争性业务实行行政垄断，则会阻碍市场竞争机制作用的发挥，从而产生低效率①。垄断性产业改革的关键是打破行政性垄断，引进竞争机制，实现政企分开，改革重点是加快建立功能健全、运作有效的垄断性产业政府监管体制，并设立独立的存在于政府机构之外的监管机构②。行政垄断对于自然垄断产业来说，不一定就是坏事情，但是，随着外界因素变化，有些自然垄断产业逐步失去了自然垄断的性质，过度的行政垄断必然带来产业的低效。中国一直致力于构建一套市场竞争立法框架，但这套框架在行政垄断面前显得无能为力，然而，反垄断法的引入无疑将有助于加强市场竞争机制③。那么，反垄断法在自然垄断产业反行政垄断方面的问题力度将值得考虑。

（二）自然垄断产业面临国际化竞争问题

随着2001年年底中国加入世界贸易组织和经济全球化影响，我国自然垄断产业分拆式改革思路引起了国内经济学者的质疑，因为分拆后中国自然垄断产业中企业的规模，与世界级企业规模相比，差距较大，国内企业面临国际化竞争的威胁④。在国际化竞争背景下，自然垄断产业中强自然垄断业务应保持准完全垄断市场结构，而非自然垄断领域应打破垄断，通过垄断—分拆—竞争—再整合的过程，在充分竞争的基础上形成有效的集中，实行规模型竞争，以增强产业的国际竞争力，以更优的产业效率迎接新技术革命和经济全球化的挑战⑤。我国电信、电力和民航业在分拆、引入竞争后，面临着国际化竞争问题，即自然垄断产业不能仅仅考虑国内规模，也要考虑国际规模问题。而我国某些自然垄断产业相对发达国家产业集中度偏低，存在企业规模不大、竞争力不足等问题，近年来，我国对自然垄断产业进行了重组。如电信产业刚刚由五家重组为三大寡头；2003

① 王俊豪、王建明：《中国垄断性产业的行政垄断及其管制政策》，《中国工业经济》2007年第12期。
② 杜传忠：《中国垄断性产业的"垄断"特征及其改革思路》，《社会科学辑刊》2005年第5期。
③ Yang, J., Market Power in China: Manifestations, Effects and Legislation [J]. *Review of Industry Organization*, 2002 (21): 167–183.
④ 戚聿东：《我国自然垄断产业分拆式改革的误区分析及其出路》，《管理世界》2002年第2期。
⑤ 李霞：《自然垄断产业治理模式构想》，《经济体制改革》2005年第1期。

年电力市场重组为五大电力集团，占市场份额的 36.78%，五大电力集团凭借着规模优势，不断的收购兼并地方电力集团，电力市场的市场集中度 CR_5 在 2007 年已经上升到 41.35%。再如，2002 年中国民航总局对其直属的十家航空公司包括部分加盟的地方航空公司进行了重组，形成了三大航空运输公司，同时，海南航空也与其他地方航空公司进行兼并形成新海航集团，形成了我国四大航空公司，2007 年民航市场产业集中度 CR_4 已经上升到 88.22%[①]。

四　已有研究的不足

从以上文献的梳理可以看出，受 20 世纪 70 年代以来世界发达国家放松管制潮流的影响，随着诸多竞争性产业的市场化和放开，我国自然垄断产业日益成为改革的焦点，也是学者所关注的研究对象。到目前为止，学者在放松管制改革方面，作了大量的研究。这些研究为我国自然垄断产业放松管制改革提供了可靠的理论依据和政策参考，基本勾勒了未来改革的去向，为我国的自然垄断产业放松管制改革作出了重要贡献。

但是，纵观国内经济学者十多年来的研究，我国目前还处于对国外理论和改革经验借鉴，并结合我国实践提出未来改革建议阶段，与美国、欧洲等国家学术机构比较，过多依靠规范研究方法，深度挖掘依然不够，在自然垄断产业内细分产业的研究中，同质的重复研究比较多，也少有进行深入细化的研究，更难有在中国改革实践的基础上，提出新的经济学理论。为了弥补我国在自然垄断产业放松管制实证研究方面的不足，需要在利用计量模型方面加强，尤其是实证研究自然垄断产业管制变化、引入竞争、拆分、重组等政策措施，以及对自然垄断产业绩效等之间的关系和影响程度方面，并对未来产业发展提出政策建议。这样，我们才能把握问题的实质，有益于提高政策水平的科学性。而不是片面肯定每项改革措施的对错。比如，分拆电信改革的成败，不能单纯依据一两项指标就否定了改革的绩效，所以与国外相比，研究方法的提高是目前学术界亟待改变的重要方面。值得一提的是，我国对自然垄断产业放松管制是在计划经济向市

---

① 2003 年和 2007 年《中国电力年鉴》、《从统计看民航》（2007）；市场集中度公式为：$CR_n = \sum_{i=1}^{n} X_i / \sum_{i=1}^{全部} X_i$。

场经济转型的大背景下进行的，与西方发达国家相比较，我国在放松管制改革之前，并不具备发达国家已经成熟的市场体系，所以，在应用西方经济学理论和方法时，要考虑所适应的边界条件，形成一套研究转型背景下，自然垄断产业改革的经济理论和方法。

现实当中，我国自然垄断产业改革还只能说是有所突破，但是进展不一，问题丛生。放松管制一直徘徊不前，甚至近几年陷入僵局，产业尚未建立规范的进入和退出制度，企业间的有效竞争并没有形成；与国际企业相比缺乏规模和竞争力，行政垄断现象严重；国有股权独大，企业治理结构不合理等现象并没有得到实质性解决；自然垄断产业价格和服务质量依然是大众抱怨的对象，还没有彻底改变以前的产业形象。甚至，部分自然垄断产业依然政企合一，供需矛盾非常严重。尤其，2008 年年初的雪灾，再次让我们清醒地认识到，我国自然垄断产业放松管制改革还有很长的路要走，这些问题的克服都将成为未来的重要研究方向。

电信部门是最具代表性的传统意义上典型的自然垄断产业，20 世纪以来，产业政策发生了深刻的变化。随着电信部门逐步失去自然垄断特征，自 20 世纪 70 年代，世界各国基本上进行了以引入竞争机制、国有电信企业民营化和管制变化为主题的放松管制改革。本书后面几章，将以我国电信部门为例，进行实证研究放松管制改革的绩效，以对电信乃至自然垄断产业进一步放松管制改革提出政策建议。

第三章　电信部门放松管制改革状况对比分析

为研究我国电信部门放松管制改革绩效，本章首先对世界和我国电信部门放松管制改革的状况进行对比分析，找出我国电信部门放松管制改革模式的差异之处。进而分析我国放松管制改革前后的绩效变化，以及改革后所出现的竞争失衡加剧问题。然后，在分析当前国外学者对世界电信部门放松管制绩效研究成果基础上，提出我国电信部门放松管制改革对部门绩效影响的实证研究视角。

第一节　世界电信部门放松管制改革状况分析

19世纪世界电信市场存在着激烈的竞争①。自第二次世界大战以来，世界电信部门经历了两次重要的政策改革。第一次是20世纪五六十年代发生的私有电信公司国有化改革浪潮。随着电信技术的发展，技术进步扩大了电信部门的边界，使得通信和信息过程结合到了一起。技术改变使得以规模经济为主的自然垄断理论难以在电信部门适用，电信部门不再完全是一个自然垄断产业，电信垄断难以维持，放松管制改革成为必然②。60年代之后，世界上反对管制的呼声日益高涨，由此促成了发达国家的放松管制运动。

---

①　Petrazzini, B., Global Telecom Talks: A Trillion Dollar Deal [R]. Institute for International Economics, Washington, DC., 1996.

②　Sharkey, W. W., *The Theory of Natural Monopoly* [M]. Cambridge: Cambridge University Press, 1982.

　　自 20 世纪 80 年代以来，随着英国电信（BT）公司民营化和美国长途电话领域引入竞争机制，以引入竞争、拆分垄断企业、民营化国有电信企业、以及管制制度变化为主旋律的放松管制改革席卷全球。90 年代末期，世界 3/4 以上移动电信垄断市场已经演变为竞争性市场；在 1980—1998 年期间，167 个国家电信运营商中民营企业数量从 2% 激增到 42%[①]；超过 150 个国家引入了新的电信立法，或者修改了现有的管制政策。同时，这场放松管制改革带来了世界电信部门绩效的巨大提升[②]。

一　发达国家改革对比分析

　　发达国家最早进行了电信部门的放松管制改革，其中，最具典型代表意义的是美国、英国和日本。我们将以这三个国家为例，简略分析发达国家电信部门放松管制改革的状况。

（一）美国的放松管制改革

　　美国是世界上少有的电信部门一直由民营企业经营的国家，美国电话电报公司（AT&T）是美国成立最早也是最大的电信运营商。1934 年，美国就颁布了《通信法》，并且成立了独立管制机构——联邦通信委员会（FCC），对电信市场实施监管。20 世纪五六十年代世界兴起了国有化运动，美国也对电信部门实施了严格管制。80 年代初，美国开始了放松管制改革。1984 年，AT&T 公司被正式分解，AT&T 仅保留了长途通信部门。其原贝尔系统的地方通信公司组成 22 个地区贝尔公司，从 AT&T 中拆分出来，并分别由七家地域性的公司持股，而且这七家公司独立经营，并可以经营长途通信业务。因此，1984 年的 AT&T 拆分，意味着美国电信市场形成了多家电信企业竞争的市场结构。之后，在 1996 年美国再次修改电信法，把电信市场当做全面竞争性市场，进一步进行了放松管制改革。这次改革完全消除了市场进入的法律障碍和管制障碍，将整个市场全面开放，允许电信公司和有线电视、无线电广播、卫星通信等公司业务交叉，相互进入，不仅打破了长途与本地的界限，也打破了电信网、计算机网和有限电视网的界限。美国不仅注重放松管制，也注重放松后的进一步

---

　　①　世界银行—斯坦福数据库（WorldBank – Stanford Dataset）。
　　②　Li, W. and Xu, L. C., The Impact of Privatization and Competition in the Telecommunications Sector Around the World［J］. *The Journal of Law and Economics*, 2004（2）: 395 – 430.

管制。例如，在对市场进入放松的同时，又加强了对涉及公众利益普遍服务、应急通信、网络安全等方面的管制。

（二）英国的放松管制改革

英国电报和电话业务起步较早，发展历史悠久并且发展水平很高。其中，英国是最早在欧洲实行电信民营化、扩大竞争和建立新管制框架的国家之一。1981年，英国议会通过了英国电信法，并将垄断经营的邮电总局拆分成皇家邮政公司和英国电信公司，实现了邮电分家。为了引入竞争，1982年Mercury通信公司获得了经营许可证，并与英国电信公司开展业务竞争。1984年议会通过了《电信法》。根据《电信法》的规定，成立了英国管制局（OFTEL）；同年国营的英国电信公司改为英国电信股份公司（BT），并出售了该公司的51%股份；接着，于1991年英国政府又出售了48%的BT股份，使得英国最大的电信公司全部民营化。随后英国电信市场全部开放，后又取消了电信业务许可证制度，改为备案制度[①]。2003年为适应电信、广播电视和计算机网融合的要求成立了独立的通信管制局替代了电信管制局。电信和广播电视部门可以相互进入，取消了进入管制的门槛。

（三）日本的放松管制改革

从1952年到20世纪末的半个世纪内，日本的邮电部（MPT，又称邮政省）是日本电信产业的主管部门，电信领域有国有企业NTT和KDD，NTT垄断经营本地电话和国内长途电话市场，而KDD则垄断国际电话业务市场，整个电信市场处于垄断经营阶段。为顺应当时英美电信部门放松管制的潮流，1985年日本颁布了《电气通信事业法》，启动了放松管制、实现市场开放的进程。《电气通信事业法》规定了放松管制改革的框架：一是民营化NTT，通过向市场出售股份改为上市股份公司。截至2002年年底，政府还持有NTT的股份为46%。二是在不同电信业务领域内，引进新的电信运营商与NTT竞争。

从1985年开始的引入竞争改革在日本开展并不顺利，虽然有一些新企业的引入，但是由于NTT太大，有效竞争的市场格局并没有形成。于是，1997—1999年政府将电信垄断巨头NTT分拆成四个公司；在互联互

---

① 引自ITU。

通方面建立了新规则，并且在 1998 年取消了对外资进入电信运营业的禁令，KDD 被完全民营化；2001 年政府修改《电气通信事业法》，对主导与非主导运营商实行非对称管制，建立了有独立性和权威性的电信纠纷处理委员会。

除了以上三个国家之外，其他发达国家也于 20 世纪 80 年代末 90 年代初进行了放松管制改革。归结起来，发达国家的放松管制的共同特点是立法先行，即先修改或成立电信法，然后，逐步对电信市场进行引入竞争和民营化。并且为了迎合三网融合的需求，进行了电信管制机构的重组和调整，建立了独立或相对独立的监管机构。然而，在具体的放松管制改革措施上，国家之间还是存在着一定的差异化。首先，就引入竞争的方法而言，在英国改革模式中，注重在电信部门引入新的竞争主体与在位的电信运营商竞争；美国则侧重于将在位的电信运营商进行分拆构建市场竞争的环境；而日本则是先引入竞争主体，在竞争效果不理想的情况下，又实行了分拆改革。其次，从民营化上来看，英国已经完全民营化，而日本也基本实现了民营化，但是主运营商还保持较大的国有股份。最后，在独立监管方面，美国、英国、澳大利亚等国家建立了完全独立的政府管制机构，而日本、德国等国家仅成立了相对独立的管制机构。

二　发展中国家改革对比分析

在 20 世纪 80 年代之前，在发展中国家，经营落后的国有电信企业难以为整个经济运行和本国国民提供有效的电信服务。例如，1981 年，非洲的电话每百人拥有电话数量仅为 0.8 部，拉丁美洲也只有 5.5 部/百人，相比美国的 83.7 部/百人来说，发展中国家的电话普及率非常落后[①]。并且，国有电信运营商所提供的服务远远不能满足用户的需要，而且，有潜在需求的用户等待很久才能申请到电话入网，这迫使许多大型企业试图避开垄断提供商，企业自己建设电话设施[②]。这种落后的绩效给发展中国家施加了很大的压力，政府不得不致力于电信部门的改革。

---

① Saunders, R., Warford, J. and Wellenius, B., Telecommunications and Economic Development [R]. The World Bank, Washington, DC.

② Wellenius et al., Telecommunications: World Bank Experience and Strategy [R]. World Bank Discussion Paper 192, 1992.

发展中国家在电信部门实施放松管制改革的目的具有多重性。首先，为了满足用户需求的多样性，亟须提高服务质量，改善电信部门的效率①。其次是宏观经济等外部因素，有些国家为了减少政府的财政赤字，或者政府难以完成庞大投资；世界贸易组织等要求电信部门必须向国外放开。最后，电信部门的自身内生需要，技术发展使得电信部门必须进行放松管制才能满足发展的需要，而且，垄断市场难以适应市场的需求②。虽然，发展中国家电信部门放松管制改革成为必然，但是对于发展中国家来说，要比发达国家面临着更多的挑战性任务，由于改革前其匮乏的电信基础设施、薄弱的经济条件以及低效率的制度环境，这些都会成为放松管制改革的障碍③。在 20 世纪末之前，很多发展中国家进行了放松管制改革，同样经历了引入竞争、民营化和管制政策的变化三个过程。

（一）引入竞争状况分析

1999 年在固定通信领域，还几乎很少有发展中国家向第二家电信运营商发放牌照与在位者形成竞争格局，截至 1999 年，2/5 的亚洲和拉丁美洲（LAC）国家已经在本地电话服务中引入了竞争，撒哈拉以南非洲（SSA）地区仅有不到 1/5 的国家引入竞争，而北非地区（MENA）国家没有向第二家固话运营商发牌照。④ 因此，固定电话的垄断格局在发展中国家中维持了很长时间，而且，有些地区还保持着垄断经营。

移动通信在发展中国家进展较慢。1985 年，多数发展中国家还没有发展移动电话，但到了 1999 年，多数国家例如柬埔寨、科特迪瓦、巴拉圭、乌干达和委内瑞拉拥有的移动电话数量超过了固定电话（ITU，2000）。颇有意思的是，北非地区在移动电话普及程度最高（大约 6.8 部/百人），排在其后的分别是拉丁美洲（6.3）、亚洲（2.4）和撒哈拉以南非洲（1.7）。与固话不同，移动电话市场在孕育之初就实现了竞争。截

① Gasmi, F., and Virto, R. L., The Determinants and Impact of Telecommunications Reforms in Developing Countries [J]. *Journal of Development Economics*, 2009（12）：1 – 12.

② Juan, C. R., A Comparative Study of Telecom Reforms in East Asia and Latin America [J]. *International Journal of Public Administration*, 2007, 27（6）：399 – 426.

③ Gasmi, F., and Virto, R. L., The Determinants and Impact of Telecommunications Reforms in Developing Countries [J]. *Journal of Development Economics*, 2009（12）：1 – 12.

④ 引自 ITU 各国电信发展调查问卷和世界银行各国产业信息。

至 1999 年，超过 90% 的亚洲国家拥有 2 个以上移动运营商，而北非国家是最不愿意引入竞争的，仅有 30% 的国家存在移动间竞争。另外，大约 1/2 的撒哈拉以南非洲和拉丁美洲国家向第二家移动运营商发放了经营牌照。① 因此，发展中国家更容易在移动技术领域实现竞争机制。

（二）民营化状况分析

1985 年，在发展中国家电信部门几乎都没有进行民营化改革，但是到了 1999 年，撒哈拉以南非洲、亚洲和拉丁美洲地区大约各有 1/4、1/2 和 2/3 的国家，将其在位的电信运营商至少进行了部分民营化。但是，在中东和北非国家中仅有阿拉伯联合酋长国在这期间进行了民营化改革。其中，亚洲和北非国家在民营化中，一般不允许外资对其在位电信运营商参股，但是许多撒哈拉以南非洲和拉丁美洲地区的国家是允许的②。

（三）独立管制机构的建立

在 20 世纪 90 年代早期，许多著名经济学家建议东欧和苏联改革国有企业唯一理想的方法是实行快速民营化。某种程度上，在经济学界存在着改革顺序的争议。这些经济学家的研究主要集中在公司治理和宏观经济条件的改革，但是鲜有关注微观产业结构或制度问题。尤其，这些早期的学术之争，几乎完全忽视了竞争和管制问题。到 90 年代末期，改革者认识到忽视制度和竞争架构是一个错误，并且在民营化之前建立一个管制框架乃明智之举。从发展中国家来看，在 1985 年，实现独立管制的发展中国家也很少，然而截至 1999 年，几乎一半的亚洲和撒哈拉以南非洲、1/3 的北非和 3/4 的拉丁美洲地区的国家建立了独立管制机构③。

三　世界电信放松管制改革模式总结

从以上对发达国家和发展中国家放松管制改革状况分析，可以看出，电信部门放松管制改革的历程，基本上是从国有垄断与政企不分的状况，走向市场化竞争、民营化和独立管制的过程。几乎所有国家的电信部门在放松管制中，经历了以下三方面的大幅度改革。

（一）调整市场结构以在电信部门引入竞争

从各国市场结构调整方式来看，一般是三种方式：一是通过引入国内

---

①　引自 ITU 各国电信发展调查问卷和世界银行各国产业信息。

②　同上。

③　同上。

民营竞争主体，与在位垄断运营商形成竞争，例如：最早英国电信部门的引入竞争。二是通过引入国外电信运营商，与国内在位垄断运营商进行竞争，这种模式在南美洲等发展中国家被广泛采用。三是通过拆分在位电信运营商，形成电信部门有效竞争的格局，这种拆分模式一般包括两种情况：按照业务不同进行的拆分是纵向拆分；按照地域不同进行的拆分是横向拆分。往往多数国家在电信市场结构调整中，不仅仅采用一种方式，例如，日本在引入竞争改革效果不显著的情况下，采取了拆分改革。

（二）调整产权结构以对电信部门进行民营化

归结来看，世界各国在电信部门产权结构改革中，基本上采取两方面的民营化模式。一方面，对在位垄断运营商进行完全民营化。所谓的完全民营化是指国有电信运营商经过产权改革后，企业的控制权发生转移，即国家将企业控制权交给民营经济。另一方面，对电信部门的运营商进行部分民营化。所谓部分民营化是指国有电信运营商的国有股份减少，但是控制权依然属于国家。例如，东亚国家在电信产权结构调整中，普遍采取部分民营化的措施，国家期望通过这种方式，进行电信部门的政企分开，形成自主经营的企业。

（三）建立新的电信管制框架

在发达国家的电信部门民营化产权改革之前，一般先建立新的管制框架，而有些发展中国家，实行了民营化改革，但依然没有建立新的管制框架，因此，普遍存在着管制政策滞后的问题。新电信管制框架一般包括两方面的内容：一是建立独立或相对独立的电信管制机构。由原来政企合一与政监合一的状况，转变与实现政企分离和政监分离。二是实现电信立法，如制定《电信法》。将电信部门的监管与运营纳入法制化的轨道。

第二节　我国电信部门放松管制改革状况分析

从 1949 年新中国成立开始至 1993 年，我国电信部门处于邮电部垄断经营阶段，从 1994 开始才真正走向了符合世界潮流的放松管制改革道路，其主要原因可以归结为三个方面：一是电信技术的发展使得电信部门不再具有自然垄断性质，放松管制能够带来电信部门绩效的提升，世界各国电信部门放松管制改革为我国提供了非常好的参照案例。二是电信部门处于邮电部的垄断经营之下，由于政企合一和高度垄断，整个行业机构臃肿、企业冗员、官僚主义等现象十分严重，导致了产业效率低下，服务价格也居高不下、服务质量却非常糟糕。例如，北京住宅电话的初装费节节上涨。移动电话的价格最高达到 28 万元。据北京天则经济研究所的一项研究，中国电话初装费、长途电话费（特别是国际长途电话费）等，都大大高于存在着竞争的其他国家，比如美国①。在资费节节上涨的同时，电信服务的质量并没有明显改善。例如，1994 年之前，电话安装时间在半年以上，有的用户交钱一年后仍然没有安装上电话。在很长一段时期，甚至连 114 查询台都很难打通。此外邮电部门还普遍存在着强行销售和价外勒索等不合理行为②。三是邮电部的独家垄断，使得中国电信部门成为一个高盈利的行业，由此吸引了众多的潜在进入者跃跃欲试③。放松管制改革成为政府改革者的共识。

一　我国电信部门差异化的放松管制改革历程

在放松管制改革中，我国电信部门面临着三个重要任务：一是破除垄断，构建有效竞争；二是进行产权改革，通过政企分离，以及所有权和经营权分离，建立现代企业制度；三是建立科学的电信管制体制。电信改革也是围绕着这三个任务展开的。

（一）去垄断改革

我国电信部门去垄断改革的目的在于打破垄断，构建电信部门的有效竞争的格局。从 1994 年开始，我国电信部门去垄断改革经历了三个阶段（见图 3－1）：第一阶段是引入竞争阶段，即中国联通成立形成电信市场的双寡头竞争格局。第二阶段是纵向分拆阶段，即将中国电信的移动业务分拆出来，成立了中国移动。第三阶段是横向分拆阶段，这阶段是将中国电信沿着南北分界线进行分拆，北方成立了中国网通，南方留给原中国电信，形成南北相互进入竞争的局面。经过这三个改革历程，我国基本形成了电信部门多家竞争的格局。

---

① 天则经济研究所：《中国电信业立法建议的研究报告》，1996 年。
② 同上。
③ 张维迎、盛洪：《从电信业看中国的反垄断问题》，《改革》1998 年第 2 期。

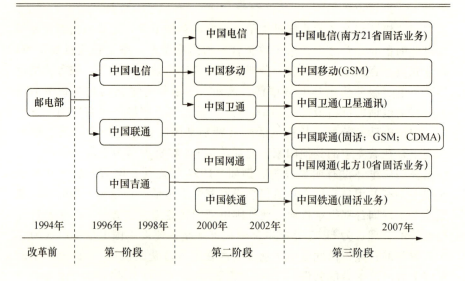

图 3-1　1994—2007 年我国电信部门去垄断改革进程

第一阶段：引入中国联通形成双寡头竞争格局。

随着经济的发展，中国电信市场的需求规模不断扩大，而由邮电部独家垄断的公用电信网络的供给能力大大低于社会需求水平。1992 年，电子部、电力部和铁道部联合向国务院正式提出组建"联通公司"的请示报告。其理由主要有三点：第一，中国电信市场的供需矛盾十分尖锐，只有引入竞争，通信产业才能更快地发展；第二，各专用网已经形成的通信资源尚未得到充分有效的利用；第三，产业的发展需要大量的资金，它不可能也不应该完全依赖国家的投入①。

国务院在听取了各方意见之后，1993 年 12 月发布了"178 号文件"，正式同意由电力部、电子工业部和铁道部共同组建中国联合通信有限公司（简称中国联通），进入电信公用网竞争，同时指出"组建联通公司是我国电信体制深化改革的初步尝试"，联通公司获准在全国范围内建设经营蜂窝移动电话网络。"178 号文件"还规定了联通公司其他业务范围：一是联通主要经营基本业务，即对铁道部、电力部的专用通信网进行改造、

---

① 张维迎、盛洪：《从电信业看中国的反垄断问题》，《改革》1998 年第 2 期。

完善，在保证铁道、电力专用通信需要的前提下，将富余能力向社会提供长话业务；在公用市话网覆盖不到或公用市话能力严重不足的地方开展市话业务。同时还可经营增值业务。二是电力部、电子工业部、铁道部三部以外的专用网可以加入联通，但不允许另行组建公司①。这些规定表明，政府侧重于建立一个统一的电信网，中国联通通信网只起补充加强公用网的作用，因此，中国联通成立，名为"竞争"而实为"补充"。尽管如此，中国联通成立意味着中国的基础电信服务业开始放松进入限制，其创建是我国电信部门发展史上的一个重要事件。邮电部法定垄断产业的格局从此被打破，我国的电信市场在形式上构成双寡头垄断结构。

1994 年，中国联通成立以后，我国电信市场格局开始发生变化。中国联通的经营范围包括：移动通信业务、无线寻呼业务、长途和本地电话业务、数据通信业务等基础电信业务以及通信增值业务。中国联通首先选择进入当时最具有发展潜质、利润最大的国内移动电话市场。但是中国联通进入后，与在位者的规模悬殊很大，难以对其构成竞争威胁。

中国联通进入电信部门，打破了邮电部的独家垄断，但双寡头格局并不是互相对称的。一方面，邮电部在所有电信业务上占据绝对主导地位；另一方面，邮电部集经营者与管理者于一身，既是参与者又是规则制定者和裁判。也就是说，对于新进入的中国联通必须接受一个已垄断市场的电信总局的管理，可想而知，这样的格局是不可能保证公平竞争的。邮电部和电信总局的职能和机构是互相交叉的，因而是一个政企不分的体制。中国联通公司进入后，邮电部的反竞争手段主要表现在以下几方面：首先，对中国联通公司的市场进入实行限制；其次，在互联互通上对中国联通公司接入市话网进行限制；再次，在网间付费方面，对中国联通公司实行垄断定价；再次，在号码、无线电频率等公共资源的分配上，对中国联通公司实行限制；最后，通过交叉补贴、低价倾销，进行不正当竞争②。

根据英国电信部门引入竞争的经验，在 3—4 年后，新进入者会占有全部电信市场份额的 10%—15%。然而，到 1998 年，中国联通只占全部电信市场份额的 1%，资产只占中国电信的 1/260，营业额仅为中国电信

---

① 蒋红娟：《中国电信业的市场化改革研究》，博士学位论文，辽宁大学，2007 年 12 月。

② 张维迎、盛洪：《从电信业看中国的反垄断问题》，《改革》1998 年第 2 期。

的 1/112，联通未能在固定电话业务领域取得很大成绩，只是在移动通信领域发展迅猛，形成在移动通信领域事实上的中国移动和中国联通双寡头垄断的竞争格局，即便如此，在移动市场上，中国电信仍占有全部收入的95%①，中国联通只占有 5%①。Loo 认为，由于新进入的中国联通太弱小以致并不能形成真正的竞争格局②。可以说，中国第一阶段的双寡头垄断并没有使中国电信业的发展达到人们的普遍预期。尽管如此，"打破垄断、引入竞争"的作用却是显而易见的，其对我国电信业发展的促进作用，远远大于联通自身发展的意义③。

第二阶段：纵向分拆（第一次分拆）重组改革。

在电信部门引入竞争不顺利的情况下，从 1998 年开始我国电信部门开始考虑其他的去垄断改革方式。国务院和信息产业部以及其他相关管理机构开始考虑美国电信改革的分割模式，当时的基本想法是：与其引入一个弱小的新进入者，还不如将主导企业拆分重组，形成势均力敌的对手能够使竞争来得更快。诸如，美国在 1984 年对 AT&T 进行分拆，形成了美国电信市场的竞争格局。但是，对于世界上其他民营经济为基础的国家而言，这一点并不容易做到，除非企业违反了反垄断法，否则政府没有权力去分拆民营电信企业，而中国的社会经济制度以及中国电信企业的国有性质，反而使这种对企业的分拆成本相对较低。

20 世纪 90 年代以来，中国政府一直希望加入世界贸易组织，在世贸谈判中，电信部门是关注的焦点，开放是大势所趋。然而，尽管中国电信网络的技术水平和设备的先进性已经与部分发达国家差距不大，但当时的中国电信在运行效率、运行质量、服务价格和经济效益方面难以与发达国家电信巨头相比，缺乏竞争优势。因此，政府希望通过分拆，在电信市场对外开放之前，构建国有企业内部之间的竞争，在电信市场完全开放之

---

① 苑春荟、张讯：《中国电信业拆分重组的市场绩效评估》，《北京邮电大学学报》2008 年第 2 期。

② Loo, B. P. Y. , Telecommunications Reforms in China: Towards an Analytical Framework [J] . *Telecommunications Policy*, 2004（28）: 697 – 714.

③ 奚国华、刘仲英：《建立公平公正、有效有序的电信市场竞争环境》，《通信学报》2005 年第 1 期。

前，形成有效竞争的市场格局，在竞争中培育中国电信企业的竞争能力①。1999 年 2 月中国电信第一次拆分重组的方案得到国务院批准，将原中国电信按专业分解成：（1）中国电信：经营固定电话业务。被分拆后的中国电信，拥有全球规模最大的完整的固定电话基础网络，短期内仍将垄断固定电话业务；（2）中国移动：经营移动通信业务。根据国务院批准的《中国电信重组方案》，各省将移动通信业务从本省邮电管理局中分离出去，组建省移动通信公司，交由中国移动通信集团公司管理。2000 年 4 月 20 日中国移动正式成立；（3）国信公司：专营寻呼业务。将原中国电信的寻呼业务剥离，于 1998 年 9 月 17 日正式注册为国信寻呼有限责任公司；（4）中国卫星通信公司②。各专业公司近期仍只从事本专业的经营，以后将考虑允许各自进入对方业务领域，最终发展成为相互竞争的数家综合性电信公司。

在拆分中国电信的同时，信息产业部也实行了不对称管制，加强了对中国联通的扶持，例如：（1）国信寻呼整体并入中国联通；（2）将 CDMA 建设运营权独家授予中国联通；（3）将原来在北京、上海、广东和西安运行的长城 CDMA 网整体并入中国联通；（4）将铁路通信业务的资产注入中国联通；（5）中国联通获选为 IP 电话首批三家试点通信公司之一；（6）允许中国联通以低于中国移动 10% —20% 的价格提供移动通信服务。

另外，又成立了两家电信企业。一是 1999 年 8 月 6 日，信息产业部批准中国网通经营长途电话业务，成为继中国电信、中国联通、中国移动和中国吉通后的第五家电信运营商。1999 年 10 月 28 日，网通推出了自己的 IP 电话卡，成为继中国电信、联通、吉通后第四家获得 IP 电话运营牌照的电信商。二是 2000 年年底，信息产业部发给中国铁道通信信息有限公司（简称中国铁通）电信牌照，允许对外经营原有电信业务。2001 年 1 月 7 日获得批准正式成立，3 月 1 日正式挂牌进行独立经营，进入电

---

①　Loo，B. P. Y. ，Telecommunications Reforms in China：Towards an Analytical Framework［J］. *Telecommunications Policy*，2004（28）：697 – 714.

②　苑春荟、张讯：《中国电信业拆分重组的市场绩效评估》，《北京邮电大学学报》2008 年第 2 期。

信市场①。经过了引入新的竞争者和对原在位运营商进行拆分这两次改革后，中国电信部门在 20 世纪 90 年代后半期一直以高于 GDP 的增长速度发展。

至此，移动通信业务领域形成了中国移动和中国联通的双寡头的竞争格局，但是本地固定电话业务基本上仍然是由中国电信垄断。中国联通虽然是唯一的全业务运营商，尽管拥有固定业务牌照，但目前也只在天津、重庆和成都三市铺设本地网，尽管其 193 长途业务已开通 300 多个国内城市及 200 多个国家和地区，但还得借助于其他厂商的本地网接入到户。2000 年成立的中国铁通虽然也获准经营固定业务，但其长途和本地传输网一般分布于铁路周边地区，市场份额有限。因此，电信部门固定业务领域没有充分竞争，电信市场的有效竞争局面也并没有形成。

第三阶段：横向分拆（第二次分拆）改革。

第一次拆分重组后，电信市场充分竞争的局面并没有形成，尤其是中国电信在固定电话领域占有绝对的主导优势地位。2001 年 12 月 11 日，信息产业部宣布经国务院批准将中国电信按南北拆分。根据由国家计委和体改办联合提交的《中国电信横切方案》，中国电信经营区域被划分为南、北两个部分，中国电信北方部分和中国网络通信有限公司、吉通通信有限责任公司重组为中国网络通信集团公司。南方部分全称为中国电信企业集团公司，继续拥有中国电信的商誉和无形资产。其中，中国电信企业集团公司包括南方 21 个省市：上海、广东、浙江、江苏、安徽、福建、江西、广西、重庆、四川、湖北、湖南、海南、贵州、云南、陕西、甘肃、青海、宁夏、西藏、新疆。中国网通集团公司包括北方 10 个省市：北京、辽宁、天津、河北、山东、河南、黑龙江、吉林、内蒙古和山西。重组后的两大集团公司仍拥有中国电信已有的业务经营范围，允许两大集团公司各自在对方区域内建设本地电话网和经营本地固定电话等业务，双方相互提供平等接入等互惠服务。南北两部分按光纤数和信道容量分别拥有中国电信全国干线传输网 70% 和 30% 的产权，以及所属辖区域内的全部本地电话网。

① 蒋红娟：《中国电信业的市场化改革研究》，博士学位论文，辽宁大学，2007 年 12 月。

　　经过拆分重组，电信业形成了"5+1"的竞争格局，为电信部门分业竞争奠定了基础。电信市场中的运营商包括中国电信、中国网通、中国移动、中国联通、中国铁通和中国卫通。固定通信主要是中国电信、网通和铁通之间的同一业务竞争，移动通信是中国移动和联通的同一业务竞争。

　　从图3-2中，可以看出在去垄断改革期间，我国电信部门的产业集中度——赫芬达尔指数（HHI）从10000下降到大约3400，电信部门市场结构已经不再是一个垄断性市场，电信部门的市场竞争格局已经逐步形成。这次拆分重组，也使得市场上不同电信运营商力量对比将趋于均衡。中国电信、中国移动、中国网通和中国联通四大电信运营商业务收入，在2002年的市场份额分别为：中国移动占38.8%，中国电信占32.0%，中国网通占15.9%，中国联通占11.9%，其他企业仅占1.4%。在固定领域两大运营商市场份额差距不大，但是，在移动业务领域，中国移动是主导运营商。随着移动技术的发展，移动价格逐步下降，移动对固定业务的替代变得显著，这种相对的均衡又被打破。

　　（二）海外上市产权改革

　　我国电信部门产权改革是通过电信企业在海外资本市场上市来推动的。与多数发展中国家放松管制改革，所采取的完全民营化国有电信企业或引入国内私有或国外竞争企业的产权改革举措不同，我国电信产业通过国有企业上市来渐进式民营化国有产权，以形成多元产权结构，来进行企业化治理。国有企业的低效往往归根于缺乏管理自治，软预算约束和代理—激励机制问题①。产权改革的初衷主要是通过上市实现政企分离，并且通过吸引境外投资者（民营产权）来改善国有企业产权结构。同时，政府也希望海外股票交易市场的严格监管和信息披露，能够促使企业实现现代企业制度，并按照国际惯例经营管理企业，以达到提高企业国际竞争和影响力的目的。而且，海外上市也能够募集巨额资金，用于企业扩大网络覆盖规模、还贷、研发等，以解决自身和国家资金不足的困境。另外，借助上市来转化传统国有企业的经营体制，完善公司治理结构，提高企业

---

　　① Groves, T., Hong, Y., McMillan, J. and Naughton, B., Autonomy and Incentives in Chinese State Enterprises [J]. *Quarterly Journal of Economics*, 1994 (109): 183–183.

国际化水平①。政府希望通过上市将经营权交给企业以此来提高管理激励。

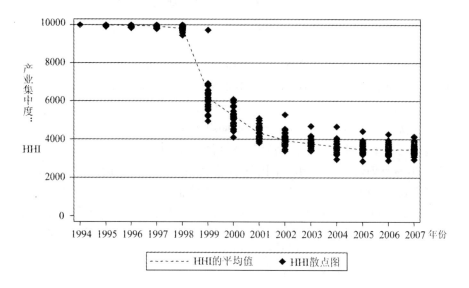

图 3 - 2   1994—2007 年我国电信部门产业集中度

　　1997 年 9 月，中国电信将利润最好的两个分公司，广东和浙江移动分公司分别在中国香港和纽约交易市场上市。1999 年从中国电信独立出来的中国移动，继续将各省移动分公司上市，截至 2004 年中国移动 31 个省分公司全部上市，2007 年公众持有中国移动股份达到了 25.67%。另一个移动公司中国联通 2000 年首次将其 12 个分公司在中国香港和纽约证券交易市场上市，2002 年又在国内 A 股市场上市，截至 2007 年，31 个省分公司上市，公众、国外电信企业或投资机构持有中国联通的股份达到51.66%。2002 年中国电信将广东、江苏、上海和浙江四个分公司在海外上市，2004 年中国网通将六个分公司在海外上市。2007 年两个固定网络运营商将各省所有分公司上市，其中公众、国外电信企业或其他投资机构

①　易宪容、卢婷：《国内企业海外上市对中国资本市场的影响》，《管理世界》2006 年第 7期。

持有中国电信和网通股份分别为 17.15% 和 28.15%①。截至 2007 年年底，电信企业所有省份分公司完成海外上市，电信企业国有产权的比例下降较大（见表 3-1）。

表 3-1   2007 年年底我国电信运营企业的产权结构

产权结构（%）	中国移动	中国联通	中国电信	中国网通
国有产权比例	74.33	48.34	82.85	71.85
海外公众持股比例	22.4	22.07	17.15	20.93
国内公众持股比例	0	22.99	0	0
国外电信企业持股比例	3.27	6.67	0	7.22
民营产权比例合计	25.67	51.66	17.15	28.15

资料来源：2007 年各运营商上市公司年报。

在民营产权比例中，其中，一部分股份来自欧洲、美国和韩国的电信运营商持股。2001 年沃达丰 25 亿美元在二级市场上收购中国移动（0941.HK）2.18% 的股份，2002 年又以 8 亿美元追加到持股 3.27%；2005 年，西班牙电信（Telefonica）以 2.18 亿港元收购了中国网通 3% 的股份，之后继续增持中国网通 7.22% 的股份；2007 年韩国 SK 电讯发行 10 亿美元可换股债券，正式入股联通，并占 6.67% 的股份。国外电信运营商的持股，不仅引入战略投资者，也有助于在我国电信运营商中引入国外经营理念。

我国电信运营商通过海外上市产权改革，为我国电信运营商的发展筹得了大量资金。中国移动通过 1997 年、1999 年和 2000 年三次上市和增发就筹得了 137.8 亿美元；中国联通通过 2000 年首次上市筹得 56.5 亿美元，随后 2002 年在国内 A 股上市又筹得了 115 亿元人民币，为我国移动通信的快速发展提供了大量的资金支持。而相对来说，固定通信运营商在 2002 年之后的上市并不顺利。主要原因是在当时世界发达国家固定通信业务已经出现萎缩趋势，尤其，在美国移动技术对固定通信替代更是很明

---

① 1997—2006 年中国移动上市公司年报；2000—2006 年中国联通上市公司年报；2002—2006 年中国电信上市公司年报；2004—2006 年中国网通上市公司年报。

显，因此，在电信部门第二次分拆后，中国电信和中国网通分别在中国香港和纽约上市，遭遇了寒流。中国电信在纽约上市的当天，开盘价为18.75 美元，比发行价 18.98 美元低 23 美分，一开盘随即跌破发行价，这无疑是一次不够成功的上市运作。其后，不得不在重新招股中提高了派息率，每股预期收益率从原来的 0.1974 元提高到 0.2194 元，股息收益率达到了 3.8% —4.4% ，超过了中国移动 15 年的债券利率。2004 年另一家公司海外上市时，也同样付出了较高的成本和代价。

尽管中国电信和中国网通在海外上市过程中并不是一帆风顺，但是，通过海外上市两个积弊日甚的老牌运营商，上市前后为改变原来垄断时期的落后经营和管理机制，进行了一系列"瘦身运动"，即所谓的主辅分离和主副分营，逐步摆脱一些政策性负担。并且缺乏足够的资金来克服外部日益增大的竞争压力，海外上市成了不可多得的灵丹妙药，既可筹集建设和改制所需要的资金，也可以改革内部经营和管理机制，提高企业自身的运营效率。

随着 2007 年我国四大电信基础运营商全国 31 省市分公司在海外上市成功，我国电信部门形成了多元化的产权结构。从图 3 - 3 中可以看出，从 1994—2007 年间，国有电信企业的平均国有产权也从 1996 年的 100% 下降到大约 70% 。国有产权比例的下降意味着民营产权的增加，电信企业经营的好坏关系到股东收益，因此，股东可能随时转移投资，这就使得上市后的电信企业不得不提高经营效率，而且，按照海外监管要求披露企业的经营信息，从而改变原来的经营管理方式。不仅如此，国资委作为电信企业的最大股东，可以通过海外股市的表现来考核国有电信企业的经理人，这使得国有高层管理者也不敢懈怠，加强管理提高企业效率，加大技术创新的力度，而且最终会将股东收益最大化作为企业的最终目标。这些产权变化无疑会提高我国电信部门的效率。

（三）管制体制改革

在 1994 年之前，中国公用电信业由邮电部独家垄断经营，在这一时期，邮电部既是国家电信部门政策的制定者和政府管理机构，同时又是电信部门的经营者。1994 年，中国联通进入电信部门，打破了邮电部电信经营上的独家垄断，但是，邮电部集经营者与管理者于一身的地位并没有改变。事实也已经证明，没有一个中立的、独立于所有电信运营商的、依

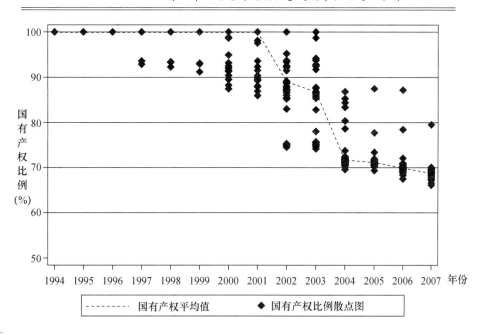

图 3 - 3　1994—2007 年我国电信部门国有产权比例的变化

据法律行事的电信管制部门，即使消除了市场进入的法律障碍，也不能消除引入竞争的实际障碍。只有公平竞争才能够使市场机制发挥其优胜劣汰的作用，才能更大地改善市场效率。所以，电信部门管制改革的首要目标就是建立一个新的管制机构。

　　1998 年 3 月，根据九届人大通过的国务院机构改革方案，在原邮电部、电子部基础上组建信息产业部，作为推进国民经济和社会服务信息化的国务院组成部门。国家电信主干网建设与经营管理的企业，交给电信企业或企业集团，并将国务院批准的信息产业部"三定"方案要求，按照政企分开、转变职能、破除垄断、保护竞争与权责一致的原则，对信息产业部的职能进行配置。将原邮电部的原国家无线电委员会及其办公室的行政职能，原国务院信息化领导小组及其办公室的行政职能，原广播电视部的广播电视传送网的统筹规划与行业管理等行政职能，原航天工业总公司制定通信广播卫星网络规划和技术标准的行政职能，原国防科学技术工业委员会的卫星轨道位置的国内协调职能，原国家计划委员会参与的管理公众通信业务资费、制定基本通信业务收费标准的职能，一并划入新组建的信息产业部。

信息产业部的建立加快了电信部门的政企分开，并且在 1998 年提出对中国电信进行现代公司化改造，这为我国的电信部门企业间的公平竞争提供了良好的环境。伴随着信息产业部成立，原邮电部正式实现了邮政与电信部门分家。至此，信息产业部成为电信部门相对独立的管制者。

信息产业部成立后，我国电信部门经历了两次重大的管制变革。第一次是电信规制条例的颁布，是内部主动寻求改革，可以称为"拉式"改革。1998 年 3 月信息产业部成立，将邮电部的管制和运营职能进行了分离，改变了邮电部"既是运动员又是管制制定者和裁判员"的局面[1]。2000 年 9 月，国务院颁布了《中华人民共和国电信条例》，国内学者一般称其为"小电信法"，正式提出了电信监督管理必须遵循政企分开、破除垄断、鼓励竞争、促进发展和公开、公平、公正的原则。同时，提出了电信网间实行互联互通。值得强调的是，该法令首次通过管制方式放松了一直由政府邮电部和信息产业部管制了 50 年的电信资费（电信资费分为三大类：政府定价、政府指导价和市场价格），由此价格不再完全由政府管制[2]。我国电信部门两次分拆后，原来电信服务价格被政府控制，因此，电信运营商彼此之间价格竞争并不激烈。然而，随着电信管制条例放松资费管制和开始网间互联后，电信运营商才真正开始降低成本和提高服务质量，以争夺更多用户和市场份额。但是，这个法令也引起了人们的争议，相对正式的制度，中国始终没有电信部门的国家立法，这使得全面的管制框架缺乏一个坚实的法律基础[3]。

第二次比较大的管制调整，是 2001 年 11 月我国加入世界贸易组织后，我国作为世界贸易组织的成员国必须遵守世界贸易组织法规，作为外部制度将影响我国电信管制。由于这是在世界贸易组织外部压力下的改变，因此可称为"推式"改革。根据中美世界贸易组织协议，我国加入

---

① 张维迎、盛洪：《从电信业看中国的反垄断问题》，《改革》1998 年第 2 期。

② Loo, B. P. Y., Telecommunications Reforms in China: Towards an Analytical Framework [J] . *Telecommunications Policy*, 2004（28）: 697 – 714.

③ Zhang, B., Assessing the WTO Agreements on China's Telecommunications Regulatory Reform and Industrial Liberalization [J] . *Telecommunications Policy*, 2001（7）: 461 – 476.

世界贸易组织后两年内，国外电信企业可以控制电信增值业务 50% 以下的股份，移动和固定网络通信在 5—6 年内可以控制 49% 以下的股份。另外，我国必须遵守世界贸易组织参考文件的基本原则：（1）规制基本原则包括按成本制定价格，网间互联权利，独立的规制机构和技术中立转移，等等；（2）在服务范围上，我国必须按阶段解除所有地区服务限制；（3）在投资领域，我国不能限制国外公司任何技术形式的投资，也不能对其拥有或租赁设备进行限制，等等。而且，世界贸易组织还要求形成有利于保护竞争的电信管制环境[①]。世界贸易组织的外部管制约束，也使得我国电信部门不仅受到了自身政府的管制，而且，也受到来自世贸组织的管制影响。

（四）我国放松管制改革模式的差异

从世界电信部门放松管制改革的历程来看，我国电信部门放松管制改革采取了差异化模式，主要表现在以下几个方面：

第一，在改革之前，不同于西方发达国家，我国电信部门脱胎于社会主义计划经济体系，并没有形成如发达国家那样健全的市场经济体系，而且，放松管制改革的程度还远远滞后于发达国家，甚至多数的发展中国家。

第二，尽管东欧和苏联的电信部门放松管制改革的起点也是社会主义计划经济体系，但是，我国并没有采取像东欧和苏联等一些发展中国家的激进式改革——"休克疗法"——将电信等一些重要的基础设施部门完全民营化，我国采取了试点—推行的渐进式改革方式。

第三，在电信部门去垄断改革过程中，我国尽管也采取了引入竞争和拆分改革模式，但是，我国在引入中国联通或者拆分中国电信过程中，实现的是国有电信运营商之间的竞争，国内民营企业和国外电信运营商都没有参与到竞争主体中来。

第四，在产权改革过程中，我国采取的是海外上市发行股票的方式，通过海外上市产权改革来实现电信部门的政企分离和电信运营商的公司化。而且，国有电信运营商并没有完全民营化，仅仅是部分民营化，电信运营商依然完全由国有控股。

---

① Zhang, B., Assessing the WTO Agreements on China's Telecommunications Regulatory Reform and Industrial Liberalization [J]. *Telecommunications Policy*, 2001 (7)：461 – 476.

第五，在管制体制改革中，我国并没有成立独立的管制机构，而且也没有颁布《电信法》。只是成立了相对独立的管制机构，颁布了法律效力比较弱的《电信条例》。

二 我国电信部门放松管制改革前后的绩效变化

从 20 世纪 80 年代开始的世界电信改革通常认为是一个引入竞争、民营化国有企业和管制政策变化的放松管制改革过程[1]。而我国电信部门放松管制改革起步较晚，20 世纪 90 年代中期之前，电信部门仍然在政府的行政管理体系控制下。由于政企合一，产业效率低下，存在着高额垄断利润等问题，一直影响着消费者对电信的需求[2]。1999 年中美签订《世界贸易组织双边协定》后，我国电信部门要直接面临着国际电信企业的挑战[3]。这种内外交织在一起的压力，为了改善我国电信服务的落后局面，满足经济发展所带来的日益增加的电信需求，中央决定进行自上而下的放松管制改革[4]。1994 年从引入中国联通开始，我国开始了去垄断化改革。并且在 1997 年开始了大规模的电信运营商海外上市的产权改革。1994—2007 年间，我国的管制政策发生了很大的变化。

伴随着放松管制改革的进程，我国电信部门也发生了令世界瞩目的跨越式发展。从图 3 - 4 和图 3 - 5 中可以看出，1994—2007 年期间，电信部门的主营业务收入和电话用户数量出现了飞速增长，尤其在 1998 年，电信部门的发展速度更是惊人。1994 年，电信部门主营业务收入仅为 487 亿元，而截至 2007 年主营业务收入已达到了 6302 亿元，几乎增加了近 12 倍。其中，移动通信主营业务收入的增长速度更加迅猛，在这期间增加了 162 倍。相对而言，固定通信主营业务收入增加速度较慢，在 2005 年之后，由于移动业务对固定业务的替代效应，固定通信主营业务收入出现了拐点，开始逐渐下滑。

---

① Wallsten, S. J., An Econometric Analysis of Telecom Competition, Privatization, and Regulation in Africa and Latin America [J]. *The Journal of Industrial Economics*, 2001 (1): 1 - 19.

② Harwit, E., China's Telecommunications Industry: Development Patterns and Policies [J]. *Pacific Affairs*, 2004 (2): 175 - 193.

③ Zhang, B., Assessing the WTO Agreements on China's Telecommunications Regulatory Reform and Industrial Liberalization [J]. *Telecommunications Policy*, 2001 (7): 461 - 476.

④ 张维迎、盛洪:《从电信业看中国的反垄断问题》,《改革》1998 年第 2 期。

从 1994—2007 年电信部门的电话用户情况来看，固定电话数量从 1994 年的 2626 万户增加到 2007 年的 3.65 亿户，这期间增加了大约 14 倍。

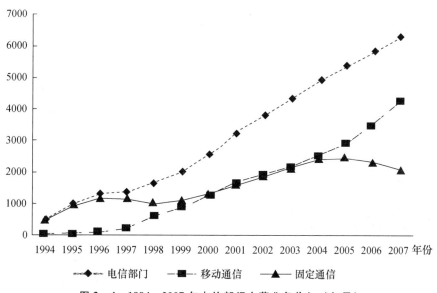

图 3 - 4 1994—2007 年电信部门主营业务收入（亿元）

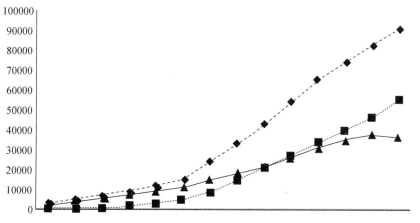

图 3 - 5 1994—2007 年电话数量（万部）

但是，2006 年之后，固定电话的数量出现了萎缩趋势。另外，移动电话数量也历经了近乎直线速度的发展。1994 年移动电话数量仅为 159.77 万户，而截至 2007 年，移动电话用户数量就达到了 5.47 亿户，增长了大约343 倍①。2003 年中国就以 5.32 亿固定电话和移动电话总量成为世界最大的电信市场。此时，国际电信联盟就认为中国已经成为一个"电信超级大国"②。中国电信部门的发展创造了世界电信史上的奇迹③。截至2008 年，我国已经成为世界最大的电信市场。电信部门的快速发展也带动了我国整个国民经济的蓬勃发展，对这时期国民经济快速转型和增长作出了极大贡献。

三　改革后我国电信业竞争失衡问题

放松管制时期，电信部门快速发展，但是，自 2002 年我国电信部门拆分后形成的两大（中国电信和中国移动）、两中（中国网通和中国联通）、两小（中国铁通和中国卫通）的竞争格局以来，伴随着移动对固定业务替代趋势的演进，市场份额变动出现了逐渐向移动通信运营商靠拢的现象，中国移动"强者更强"，出现了一家独大的竞争失衡格局。这种竞争失衡并没有实现拆分改革的初衷，反而出现了逆竞争的趋势。2007 年中国移动的用户、收入份额分别达到 42.1%、47%，分别比上年提高了3.9 个、4.0 个百分点，市场优势地位进一步增强。2007 年年底中国移动的市场份额达到 47%，超过排在第二、三位的中国电信和中国联通份额之和。移动对固定替代效应加深，固定电话用户数量首次出现负增长（见图 3 - 6）。而且，移动电话对固定电话的通话量替代也十分显著。因此，固定通信领域出现"减量减收减效减用户"的现象。固定本地电话通话量同比下降 3.4%，固定通信 ARPU 值持续下滑，固定通信运营商的用户、收入市场份额同比下降 4.3 个、7.4 个百分点。中国电信、中国网通和中国铁通的收入市场份额呈下降趋势④。

---

① 2007 年《中国通信统计年度报告》。

② Low, B. and Johnston, J. W., Managing Ambiguous Policies in China's Telecommunication Market [J]. *Journal of Asia Pacific Business*, 2005 (4): 5 - 30.

③ Lu, D. and Wong C. K., China's Telecommunications Market: Entering a New Competitive Age [M]. Edward Elgar: Cheltenham, 2003.

④ 2007 年《中国通信统计年度报告》。

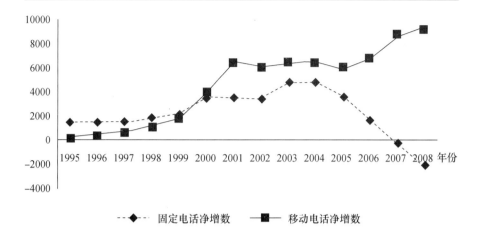

图 3-6 1995—2008 年固定、移动电话净增数

2008 年为顺应世界电信部门全业务竞争的趋势，改变我国电信部门一家独大的竞争失衡局面。2008 年 5 月 24 日工信部、发改委和财政部发布了《三部委关于深化电信体制改革的通告》，基于电信行业现状，鼓励中国电信收购中国联通 CDMA 网（包括资产和用户），中国联通与中国网通合并，中国卫通的基础电信业务并入中国电信，中国铁通并入中国移动。电信部门重组后中国移动、电信和联通，形成了三分天下的竞争格局。电信部门重组为优化市场格局奠定了基础，但由于我国电信市场的复杂性以及重组效果的滞后性，目前电信市场结构并无明显改善，甚至出现失衡加剧的现象①。

首先，从用户发展上来看，中国移动占有电话用户市场一半份额。电信重组后，中国移动占有 49.9% 的电话用户市场份额，依然具有较大的市场竞争优势，而中国电信、中国联通的份额分别为 25.4% 、24.7% ，如图 3-7 所示。从移动电话用户市场来看，重组后中国移动依然一家独大，2008 年中国移动的市场份额高达 73.7% ，而中国电信、中国联通的市场份额分别为 20.8% 和 5.5% 。而固定电话市场格局呈现出 "2+1" 现象，同样竞争不均衡，即 "两强相争、弱者更弱"。中国电信和中国联通

---

① 工业和信息化部：《中国通信统计年度报告》，人民邮电出版社 2008 年版。

在南北固定电话和宽带市场占据几乎垄断的市场份额，中国移动固定市场份额难以与之竞争，分别为 5.2% 和 6.6% ①。

其次，在经营效益上，中国移动的竞争优势更加明显。一方面，中国移动的收入份额超过电信市场的一半。2008 年，中国移动的收入市场份额持续上升，达到 54.1%，超过中国电信、中国联通收入的总和（见图 3 -7）。另一方面，中国移动占部门利润总额的八成以上。2008 年，中国电信和中国联通的利润总额分别为 - 1.86 亿元和 306.9 亿元，中国移动的利润总额为 1458.4 亿元，占行业利润总额的 83.4%（见图 3 -7）。②

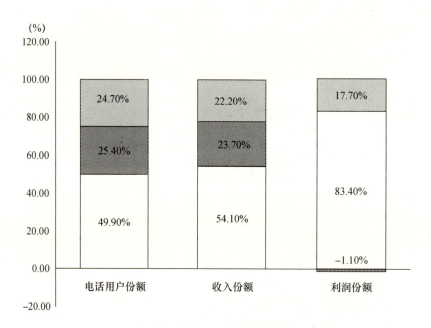

图 3 -7 2008 年基础电信企业收入与利润市场份额

① 2008 年《中国通信统计年度报告》。
② 同上。

近年来，我国电信部门所出现的移动通信对固定通信业务的技术替代，使得固定运营商的用户、主营业务收入和利润都流向了中国移动，形成了一家独大的竞争失衡现象。我国电信部门的逆竞争趋势不仅违背了政府改革者最初去垄断改革的初衷，而且，这种近乎垄断的逆竞争必然造成我国电信部门效率降低和整个社会福利的损失。

第三节　放松管制改革对电信部门绩效的影响

一　世界电信业改革绩效的实证结论

那么，究竟放松管制改革与电信产业绩效之间存在着怎样的关系？世界各国电信部门放松管制历程恰如一场"实验"，为验证竞争、产权与管制理论的实践价值提供了一个典型样本，掀起了经济学家们研究的热潮。

1. 市场竞争与产权改革对电信部门绩效的影响

虽然人们在很大程度上对电信部门市场化战略取得了共识，然而，迄今为止，这些研究对于市场竞争、产权改革与电信部门绩效关系的实证研究却没有获得一致的认识，难以形成明确的结论。

一方面，很多研究证明市场竞争比产权改革更有效。例如，Boyland 和 Nicoletti 基于对 1991—1997 年经合组织（OECD）23 个国家电信部门的面板数据的研究，结论是竞争显著提高了产业绩效，然而，对于产权改革的影响没有得到明确的结论[①]。Gutierrez 和 Berg 也实证指出电信部门有效竞争才是最重要的，仅靠民营化产权改革对绩效的改善作用不大[②]。而且，有的经济学家不仅认为竞争比民营化更能稳定地提高产业绩效，还认为民营产权对某些绩效指标产生了消极效果[③]。也有经济学家研究发现上

---

①　Boyland, O. and Nicoletti, G., Regulation, Market Structure and Performance in Telecommunications [R]. Economics Department Working Paper No. 237, 2000.

②　Gutierrez, L. H. and Berg, S., Telecommunications Liberalization and Regulatory Governance: Lessons From Latin America [J]. *Telecommunications Policy*, 2000, 24 (10–11): 865–884.

③　Wallsten, S. J., Privatizing Monopolies in Developing Countries: The Real Effects of Exclusivity Periods in Telecommunications [J]. *Journal of Regulatory Economics*, 2004, 26 (3): 303–320.

市产权改革作为世界各国电信部门民营化主要方式之一,[①] 其自身并不能
提高电信企业绩效[②]。

然而另一方面,有些研究发现产权改革显著改善了产业绩效,而且全
部民营化对产业绩效提升最大。芬克(Fink)等人运用 1985—1999 年 86
个发展中国家的面板数据得到的研究结论是,电信部门产权改革显著提高
了产业绩效,而且完全民营化比部分民营化产权改革更能提高绩效[③]。研
究样本包含了发达国家,Li 和 Xu[④] 对 1988—2000 年 172 个国家的固定和
移动产业进行了实证,得到了与芬克等人基本一致的研究结论。并且他还
发现部分民营化同时保持国有企业控股对产业绩效没有显著影响。不仅如
此,有些经济学家甚至认为产权改革比引入竞争机制更重要。例如,罗斯
(Ros)基于 1986—1995 年 110 个国家的面板数据研究发现,产权改革显
著提高了各国的电话普及率,而竞争机制未能产生影响[⑤]。

另外,有些经济学家认为单纯的产权改革在电信部门难以取得预想的
效果。Ambrose 等人指出在发展中国家简单将国有部门全部民营化并不能
形成竞争[⑥]。例如,南非政府卖掉处于垄断地位的电信企业,完全民营化

① Megginson 和 Netter(2001)称其为上市发行股票民营化(Share - issueprivatizations,SIPs),是指通过公开发行股票把国有企业的所有或部分国家持有的权益转让给私人投资者。通常根据政府是否让渡了控制权将民营化分为两类:控制权民营化和收入型民营化,在收入型民营化情况下,政府仅卖出了少数股权并保留了最终控制权。其中,我国电信运营商上市产权改革属于收入型民营化。

② Bortolotti, B., D'Souza, J., Fantini, M. and Megginson W. L., Privatization and the Sources of Performance Improvement in the Global Telecommunications Industry [J]. *Telecommunications Policy*, 2002, 26 (5-6): 243-268.

③ Fink, C., Mattoo, A. and Rathindran, R., An Assessment of Telecommunications Reform in Developing Countries [J]. *Information Economics & Policy*, 2003 (15): 443-466.

④ Li, W. and Xu, L. C., The Impact of Privatization and Competition in the Telecommunications Sector Around the World [J]. *The Journal of Law and Economics*, 2004 (2): 395-430.

⑤ Ros, A. J., Does Ownership or Competition Matter? The Effect of Telecommunicaitons Reform on Network Expansion and Efficency [J]. *Journal of Regulatory Economics*, 1999 (15): 65-92.

⑥ Ambrose, W., Hennemeyer, P. and Chapon, J., Privatizing Telecommunications Systems: Business Opportunities in Developing Countries [R]. IFC Discussion Paper No. 10, 1990.

后的企业利用其垄断优势阻碍竞争，最终恶化了电信部门的绩效①。对于竞争与产权两者的关系，Li 和 Xu 认为两者之间存在着互补关系并共同提高了产业绩效②。在两者改革顺序上，芬克等人指出在产权改革同时引入竞争，比之后引入竞争机制更能促进产业绩效改善③。

2. 竞争、产权、管制三者的交互作用对产业绩效的影响

世界电信部门放松管制改革是在较短的时间内推出一系列竞争、民营化产权、独立管制等改革措施，改革措施之间可能是互补关系，也可能并不能改善绩效，甚至与绩效负相关。沃尔斯登④分析了 1984—1997 年 30 个非洲和拉丁美洲国家电信改革对产业绩效的影响，他将民营化和竞争分别与管制交互一起后，发现竞争和独立管制一起对电信绩效作用不太显著，民营化和独立管制一起显著改善了电信绩效，但是，民营化自身作用甚微，甚至跟电话主线容量负相关。遗憾的是没有探讨民营化和竞争一起的影响。芬克等⑤应用 1985—1999 年 86 个发展中国家的面板数据，分析电信改革对部门绩效的影响，其中，考察管制、竞争和产权交互影响时，指出存在独立管制的情况下，竞争和民营化显著影响绩效；竞争对绩效的影响是通过与民营化的交互作用体现出来的，而不是竞争自身。Li 和 Xu [71]通过 1990—2001 年国家面板研究了世界各国民营化和竞争改革对电信部门绩效的影响，验证了民营化与竞争改革的交互作用，实证结论表明民营化和竞争相互补充加强了网络渗透，以及限制了私有电信运营商服务价格的提

① Horwitz, R. B. and Currie, W., Another Instance Where Privatization Trumped Liberalization: The Politics of Telecommunications Reform in South Africa—A Ten - year Retrospective [J]. *Telecommunications Policy*, 2007 (31): 445 - 462.

② Li, W. and Xu, L. C., The Impact of Privatization and Competition in the Telecommunications Sector Around the World [J]. *The Journal of Law and Economics*, 2004 (2): 395 - 430.

③ Fink, C., Mattoo, A. and Rathindran, R., An Assessment of Telecommunications Reform in Developing Countries [J]. *Information Economics and Policy*, 2003 (4): 443 - 472.

④ Wallsten, S. J., An Econometric Analysis of Telecom Competition, Privatization, and Regulation in Africa and Latin America [J]. *The Journal of Industrial Economics*, 2001 (1): 1 - 19.

⑤ Ros, A. J., Does Ownership or Competition Matter? The Effect of Telecommunicaitons Reform on Network Expansion and Efficency [J]. *Journal of Regulatory Economics*, 1999 (15): 65 - 92.

高。除了电信部门，Zhang 等人①实证了 1985—2003 年 36 个发展中转型
国家民营化、竞争与管制改革对电力发电产业绩效影响，研究发现尽管管
制和民营化自身不能显著提高经济绩效，但是，两者的交互作用改善了绩
效。而管制与竞争，以及竞争与民营化作用并不显著，甚至竞争和管制一
起与电力产出和劳动生产率之间显著负相关。从以上文献实证结论可以看
出，目前学者对管制、竞争和产权之间的交互作用对产业绩效的影响还没
有一致观点，但是，基本上认为在独立管制存在的情况下，民营化改革显
著改善了产业绩效，然而，民营化自身对改革绩效影响并不显著②，他们
的结论符合了 Noll③ 在做发展中国家电信改革的政治经济分析中预测的结
果。芬克等人④与 Li 和 Xu⑤ 一致认为竞争改革与民营化一起促进了产业
绩效提高。

二 我国电信业改革绩效实证研究尚且匮乏

从 1978 年十一届三中全会以来，我国走向了改革开放和市场化改革
的道路。尤其在 1993 年之后，我国进行了深刻的国有经济部门市场化改
革。这期间，国内经济学家对市场竞争和产权改革在国有经济转型中的作
用，存在着不同的观点。一种观点认为，国有企业的症结在于不平等竞争
条件下形成的软预算约束，企业改革的核心应是创造公平竞争的环境⑥。
另一观点认为，经济转型成功的关键在于产权改革⑦。从 1993—2002 年
我国深化了国有企业改革，国家将多数中小国有企业进行了民营化改革，
大型国有企业也进行了产权多元化改革，在竞争性产业形成了多种所有制

① Zhang, Y. F., Parker, D. and Kirkpatrick, C., Electricity Sector Reform in Developing Coun-
tries: An Econometric Assessment of the Effects of Privatization, Competition and Regulation [J]. *Journal
of Regulatory Economics*, 2008 (2): 159 - 178.

② Wallsten, S. J., An Econometric Analysis of Telecom Competition, Privatization, and Regulation
in Africa and Latin America [J]. *The Journal of Industrial Economics*, 2001 (1): 1 - 19.

③ Juan, C. R., A Comparative Study of Telecom Reforms in East Asia and Latin America [J]. *In-
ternational Journal of Public Administration*, 2007, 27 (6): 399 - 426.

④ Fink, C., Mattoo, A. and Rathindran, R., An Assessment of Telecommunications Reform in
Developing Countries [J]. *Information Economics and Policy*, 2003 (4): 443 - 472.

⑤ Li, W. and Xu, L. C., The Impact of Privatization and Competition in the Telecommunications
Sector Around the World [J]. *The Journal of Law and Economics*, 2004 (2): 395 - 430.

⑥ 林毅夫、蔡昉、李周：《企业改革的核心是什么》，《经济日报》1995 年 6 月 6 日。

⑦ 樊纲：《中国的国有企业为什么亏损》，《广东经济》1995 年第 1 期。

公平竞争的格局。对于这场改革对产业或企业绩效的影响，我国许多经济学者进行了实证研究。几乎所有文献都认为来自竞争性行业的国有企业民营化产权改革是富有成效的①。而且，Sun 和 Tong、Rousseau 和 Xiao、Huang 和 Song 实证结论也支持了国有企业上市产权改革的绩效是显著的②。此外，对于竞争与产权两者作用及其相互关系，胡一帆等认为市场竞争与产权改革相比效益不甚显著，但市场竞争强化了国有企业产权改革效果。这些实证文献对于我国进行竞争性产业市场化改革，促进我国竞争性产业发展提供了重要的政策建议③。

　　与竞争性产业比较，自然垄断产业体制改革至今推进依然较为缓慢。而且，当前经济学家对于电信等自然垄断性产业的改革取向也尚有歧义。王俊豪认为自然垄断行业改革的关键是运用市场竞争机制的积极作用来提高经济效率，以实现有效竞争④。相反，戚聿东指出自然垄断性产业的根本症结在于政企不分，而不是垄断，所以，改革的出路应该立足于改制，而不是拆分⑤。因此，改革侧重点一直是困扰电信等自然垄断产业进一步放松管制改革的瓶颈问题。

　　中国电信体制改革与其他国家改革的路径有所不同。既不同于发达国家凭借完整的外部市场体制进行了比较彻底的民营化产权改革，也不同于东欧俄罗斯等发展中国家一开始就实行大规模的民营化。例如，20 世纪90 年代初，东欧和苏联进行"休克疗法"，从社会主义转型到资本主义，没有考虑其他改革措施，直接采取了大规模民营化或者股票凭证民营化⑥的方式改革国有企业，到90 年代末改革者认识到忽视竞争和制度因素是当时改革的一个失误。另一个发展中国家南非，1994 年民主选举后，通

---

　　① 刘小玄：《中国转轨经济中的产权结构和市场结构》，《经济研究》2003 年第 1 期。

　　② Sun, Q. and Tong, W., China Share Issue Privatization: The Extent of Its Success [J]. *Journal of Financial Economics*, 2003 (70): 183–222.

　　③ 胡一帆、宋敏、张俊喜：《竞争、产权、公司治理三大理论的相对重要性及其交互关系》，《经济研究》2005 年第 9 期。

　　④ 王俊豪：《论自然垄断产业的有效竞争》，《经济研究》1998 年第 10 期。

　　⑤ 戚聿东：《我国自然垄断产业分拆式改革的误区分析及其出路》，《管理世界》2002 年第 2 期。

　　⑥ Bornstein, M., Russia's Mass Privatization Program [J]. *Communist Economies and Economy Transformation*, 1994 (4): 419–457.

过立法改革电信部门，并建立了独立的管制部门监管电信改革；政府卖掉了在位电信运营商——Telkom 30%的股份，过快民营化后 Telkom 不断利用其垄断优势阻碍竞争，使得南非的电信价格非常高，以致影响了南非的经济发展①。

中国电信部门采取的是渐进式市场化转型道路。首先，政府部门通过两次拆分重组改革来构建电信部门的竞争格局。然后，政府既未采取激进的完全民营化措施，也未引入民营电信竞争主体，而是主要通过在海外资本市场上发行股票实施了上市产权改革。另外，我国虽然没有建立像发达国家那么完善的电信管制制度，但是放松管制改革以来，我国建立了相对独立的管制机构，颁布了《电信条例》以及世界贸易组织的加入，这些都使得我国电信管制政策发生了深刻的变化。那么，这种不同的改革路径是否产生不同的政策效果？过去十年来拆分竞争、上市产权改革与管制政策变化究竟给产业绩效带来了怎样的变化？以及放松管制改革（去垄断化、产权改革和管制政策变化）的发展潜力和空间还有多大？以及我国电信部门为何走向竞争失衡？

对于电信放松管制改革效果的评估，已有文献进行了初步研究。孙巍等人利用2001—2006年各地区数据，实证发现电信服务综合价格水平对其市场结构表现出显著的负影响，并指出我国现阶段电信市场已不再是一个典型的寡占市场，竞争性市场竞争格局初步形成，市场化改革确实取得了成效②。高锡荣利用2002—2004年省级面板数据实证了中国电信市场去垄断改革之后所发生的技术进步，以及市场化改革对社会福利的影响，认为电信改革是成功的③。苑春荟、张迅④和崔万田⑤从定性角度的研究认

① Horwitz, R. B. and Currie, W., Another Instance Where Privatization Trumped Liberalization: The Politics of Telecommunications Reform in South Africa—A Ten – year Retrospective [J]. *Telecommunications Policy*, 2007 (31): 445 – 462.

② 孙巍、李何、何彬、叶正飞：《现阶段电信业市场结构与价格竞争行为关系的实证研究》，《中国工业经济》2008年第4期。

③ 高锡荣：《中国电信市场改革效率之消费者福利分析》，《中国软科学》2008年第2期。

④ 苑春荟、张迅：《中国电信业拆分重组的市场绩效评估》，《北京邮电大学学报》2008年第2期。

⑤ 崔万田：《拆分还是开发——发展中国家电信业改革的一种解释》，《经济理论与经济管理》2004年第4期。

为在我国加入世界贸易组织的背景下，拆分电信部门会减少我国电信企业
规模，会带来国际竞争力的降低，而且，拆分在技术和管制落后情况下，
改革效果并不显著。汪贵浦和陈明亮通过电信部门年度数据进行了简单实
证，得出基于业务分拆的电信市场结构，并没有带来行业实质的增长①。
总结而言，目前研究对电信放松管制改革还存在着一定分歧，而且，都从
市场竞争角度研究改革绩效，并没有将产权改革和管制政策变化这两个重
要因素纳入考虑范围之内。不仅如此，由于研究样本数据量较小，涵盖时
间较短，这些分析都还比较粗糙。面对如此重大的一场改革，迄今为止，
鲜有从放松管制的三个重要维度——市场竞争、产权改革和管制政策变化
出发，对电信部门绩效的影响进行规范而又详细的定量分析，这正是本书
后面几章的出发点。

---

① 汪贵浦、陈明亮：《邮电通信业市场势力测度及对行业发展影响的实证分析》，《中国工业经济》2007 年第 1 期。

第四章　基于结构—行为—绩效范式的放松管制绩效研究假设

为分析我国电信部门放松管制改革与电信绩效之间的关系，本章主要基于产业组织中哈佛学派所提出的结构—行为—绩效范式基础上，对其进行改进和补充。即将厂商内部的产权结构，以及产业外部管制环境因素加入到结构—行为—绩效范式当中，形成了结构—行为—绩效分析范式，在此基础上，结合我国电信部门放松管制的差异化改革路径，提出了放松管制改革与电信绩效之间的研究假设。

第一节　放松管制改革绩效的结构—行为—绩效分析范式

从 20 世纪 80 年代初开始的世界各国电信部门放松管制改革历程来看，无论是发达国家还是发展中国家，电信放松管制是一个复杂而又综合的过程[①]。在这次改革中，政府有三个任务，一是为在位的电信运营商设计最适合的产权结构，以进行产权的转型；二是确定电信产业市场结构；三是为了防止在位垄断企业从用户身上榨取利润，创造可竞争的市场环境，政府必须设计可靠的管制来保护用户和投资者的利益[②]。因此，在这一个改革过程中，主要包含着以下三方面的政策变化：一是市场结构形式的变化，例如，采取拆分、引入新竞争主体等方式，打破垄断性的市场结

---

① 张宇燕：《国家放松管制的博弈——以中国联合通讯有限公司的创建为例》，《经济研究》1995 年第 6 期。

② Juan, C. R., A Comparative Study of Telecom Reforms in East Asia and Latin America [J]. *International Journal of Public Administration*, 2007, 27（6）：399–426.

构，使得竞争机制在电信市场中发挥作用。二是产权结构的变化，包括民营化或部分民营化在位的电信运营商，或者引入不同所有制竞争主体。三是管制政策变化。主要表现为制定电信管制的法制基础《电信法》，成立独立或相对独立的电信管制机构，放松价格管制等。因此，在考察电信部门在放松管制改革后所产生的产业绩效时，需要从市场结构、产权结构和管制制度三个要素来考察，仅仅考察市场结构对产业绩效的影响，不仅不能反映放松管制改革的全局，也将产生与一般市场结构理论相背离的很大偏差。

一　传统的结构—行为—绩效分析范式及其局限性

产业组织理论是运用微观经济学理论分析厂商和市场及其相互关系的一门学科，是研究企业结构与行为、市场结构与组织，以及市场与厂商相互作用和影响的一门新兴应用经济学分支①。其中，"结构—行为—绩效"（Structure – Conduct – Performance）即结构—行为—绩效分析范式，长期以来一直是正统产业组织理论研究的核心。该范式源于20世纪30年代张伯伦（E. H. Chamberlin）的垄断竞争理论和由梅森（Edward S. Mason）、贝恩（Joe S. Bain）、凯尔森（C. Kaysen）、麦克尔（J. W. Mckie）、麦克海姆（J. Markharm）等人以案例形式对若干行业的市场结构的经验研究，后来由贝恩、谢勒（Frederic. M. Scherer）的贡献成型于20世纪70年代初。由于结构—行为—绩效分析范式的创建者及其支持者大多出自哈佛大学，因而将结构主义分析框架称为产业组织理论的哈佛学派。

在结构—行为—绩效框架中，对于结构、行为和绩效作了比较清晰的界定。所谓结构是指厂商之间市场行为关系的表现和形式，包括买方之间、卖方之间、买卖双方之间以及市场内已有的买卖双方与正在进入或可能进入市场买卖双方之间在交易、利益分配等方面存在的竞争关系。市场结构可以通过买者和卖者的数量和规模分布（市场集中度指标）、产品差异程度、厂商进入退出壁垒、厂商一体化或多样化经营的程度等来描述。其中，市场集中度是表示在特定的产业或市场中，卖者具有怎样的相对规模结构指标。它反映特定市场的集中程度，与市场中垄断力量的形成密切相关。因此，市场集中度是考察市场结构即市场竞争与垄断程度的首要指

---

① 臧旭恒、徐向艺、杨蕙馨：《产业经济学》，经济科学出版社2007年版。

标。衡量市场集中度的方法一般有行业集中度、赫芬达尔·赫希曼指数（简称赫芬达尔指数）、洛伦茨曲线、基尼系数等。

所谓行为（Conduct）是指厂商在市场中为谋取更多利润和更高的市场份额而采取的战略性行为或行动，即厂商作出决策的行为和如何实施决策的行为。厂商的市场行为主要集中于定价行为（独立定价或是与其他厂商串谋定价、限制性定价、驱逐竞争对手定价）、广告和研究开发费用支出以及如何遏制竞争对手（包括潜在竞争对手）的策略上。

所谓绩效，是指在一定的市场结构下，通过一定的厂商行为使其某一产业在价格、产量、成本、利润以及技术进步等方面达到的状态，即厂商的经营是否增加了社会的经济福利，是否能够满足消费者的需求。描述或评价市场绩效在竞争性产业比较关注利润率水平、资源配置效率、企业和产业技术进步状况、生产规模大小和广告费用的比重大小等几个方面，而在自然垄断性产业更加侧重于社会福利、价格水平、产业产出、全要素生产率等方面。

产业组织理论之所以重视产业结构分析，甚至将市场结构与产业绩效直接挂钩，主要是基于自亚当·斯密以来的思想，只有竞争才能产生效率，并实现资源的最优配置，任何市场势力都会导致市场效率的偏离。然而，到20世纪30年代初，张伯伦的垄断竞争理论揭示出，现实的市场结构并不是充分竞争的，而是属于不完全竞争状态。因为假设市场结构与厂商行为、市场绩效之间存在因果关系，所以，产业经济学从一开始就关注市场结构，以市场结构的分析为起点。在贝恩等人富有创建性的工作形成结构—行为—绩效分析范式后，运用经验分析方法研究产业组织问题成为主流之一。

以贝恩为代表提出结构—行为—绩效分析范式，强调的是市场结构是企业行为的决定因素，而在一个给定的市场结构中，企业行为又是市场绩效的决定因素。该范式的分析起点，是完全竞争和垄断这两个基本的市场模型，贝恩把这两种市场看做是现实世界中所有市场状态分布范围的两个端点，从垄断市场向完全竞争市场变化，必然导致市场行为的变化，并最终导致市场绩效从坏向好转变。因此，鉴别一个市场结构是接近还是远离垄断，就成为结构—行为—绩效分析范式的基本原则。而且，在政策主张上明确了维护有效竞争的市场结构，以来改变产业的不良绩效。多年来，遵循结构—行为—绩效范式的产业经济学家一直关注的核心问题是市场结构是否影响产业绩效。大多数的经验分析显示，市场集中度和利润率之间存在正相关关系。结构—行为—绩效分析范式实际上是建立在产业组织具有充分的市场竞争和私有所有权的假设基础上的。贝恩认为，私有企业和市场竞争是产业组织分析的基础，正统的产业组织理论是以非管制的自由市场上的私有企业有效运营为基础的，它并不分析其存在的政治和政府体制。至少大多数人相信产业组织的变化并不会引起私有企业和自由市场基础的改变①。传统产业组织理论在解释具有完全市场经济体制国家的产业绩效时无疑是有解释力的。

但是，按照贝恩的上述观点，采用结构—行为—绩效范式考察我国电信部门放松管制改革绩效适用性是弱的。因为，在我国放松管制改革期间，电信运营商完全是国有企业，国有企业具有非完全追求利润最大化目标的特点。而且，在研究电信部门放松管制改革绩效时，放松管制改革既包括了市场结构变化的过程，也包括了产权结构和管制制度变化的过程，而结构—行为—绩效分析范式仅仅是简单假定了市场结构与市场绩效的关系，其并没有涵盖电信部门放松管制改革对产业绩效影响的其他因素。在放松管制改革过程中，市场结构、产权结构与管制制度是决定电信部门绩效的重要因素，其中任何一个因素都无法有效解释市场绩效的变化。正如维克斯和亚罗（Vickers and Yarrow）所指出的那样，竞争、产权和管制这三种因素相互作用是非独立的，其中任何一因素变化效果都取决于其他两种，并共同决定市场绩效②。因此，简单利用结构—行为—绩效分析范式具有一定的局限性，主要表现在：

①结构—行为—绩效分析范式将没有涉及的企业内部问题视为"黑箱"，这就忽视了很多国家，尤其是转型国家，在电信放松管制改革中所发生的企业产权改革对电信市场绩效的影响。而且，随着新制度经济学的发展，经济学家认为企业内部的产权结构会对企业行为和产业绩效产生重要影响③。因此，简单利用结构—行为—绩效范式分析电信部门放松管制

①　Bain, J. S. , *Industrial Organization* ［M］. New York：John Wiley & Sons, 1968.

②　Vickers, J. and Yarrow, G. , *Privatization：An Economic Analysis* ［M］. Cambridge：MIT Press, 1988.

③　Berle, A. and Means, G. C. , *The Modern Corporation and Private Property* ［M］. New York：Macmillam, 1932.

改革绩效，将产生以偏赅全问题。

②结构—行为—绩效分析范式同时忽视了外部管制政策变化对电信市场绩效的影响。在西方市场经济国家的竞争性产业中，并不存在着经济性管制问题。然而，作为典型自然垄断产业的电信部门，无论是市场经济还是转轨经济国家，在放松管制改革过程中，都存在着管制政策变化，因此，管制政策也将对电信市场绩效产生影响，在绩效分析中是一个不可忽略的变量。

③结构—行为—绩效范式更没有考虑市场结构、产权结构和管制政策之间的相互影响对电信市场绩效的影响。市场结构、产权结构和管制政策之间可能是相互补充的关系，也可能是两个政策变化放在一起产生相互排斥的效果，这必然会影响在放松管制改革期间电信市场绩效。因此，结构—行为—绩效分析范式在研究电信部门放松管制改革绩效中存在着局限性，抛开产权和管制因素只从市场结构来研究市场绩效是不合适的，甚至并不能形成对电信部门放松管制改革全面、清晰和深刻的认识。

基于此，本书试图对结构—行为—绩效分析范式进行扩展，把产权和管制纳入分析之中。

二　构建扩展的产业组织分析范式

对于我国这样一个转型国家来说，电信部门最初由国家行政垄断经营，西方产业组织理论在研究我国这种转轨电信部门放松管制改革绩效时，无论是哈佛学派还是芝加哥学派，在对结构、行为与绩效之间关系的研究时，研究背景面对的是市场经济。但是，我国正从计划经济体制向市场经济转轨，市场机制尚不完备，政府依然习惯于通过控制企业来控制市场，还不习惯或不善于通过规则和相应的法规来管制产业[①]。这种制度主要依赖于通过各层级管理者对于上级意图的传达和对于下级的控制才能运行，否则，只要有任何环节脱节，都可能造成失控或运转不灵。相对于市场经济国家善于用市场的规则来运转，这样的控制缺乏统一的市场规则，通过设置各种市场障碍来进行控制，这种制度行为影响到市场结构、企业行为和产业绩效，使得三者之间的联系变得薄弱。因此，对于转轨经济中电信部门绩效的研究，仅仅考虑在结构、行为和绩效三者之间的范式来分

---

① 刘小玄：《中国转轨过程中的产权和市场——关于市场、产权、行为和绩效的分析》，上海三联书店 2003 年版。

析更是远远不够的。转轨国家中电信部门在放松管制改革中，是一个涉及市场结构、产权结构和管制政策三个方面综合改革的过程。因此，传统产业组织理论中的结构—行为—绩效分析范式并不能简单用来考察我国电信部门放松管制改革绩效。

本书对传统产业组织结构—行为—绩效分析范式在电信部门放松管制改革中的应用进行了拓展，将产权结构和管制制度也纳入结构—行为—绩效范式中，形成了扩展的产业组织分析范式。在这个范式中，市场结构、产权结构和管制制度共同决定了厂商行为，厂商行为又最终决定了市场的绩效，更能全面地反映转轨国家电信部门放松管制改革过程。另外，市场结构、产权结构与管制制度之间存在着相互影响的关系，割舍任何一个制度变化，都会难以捕捉不同制度形式对市场绩效的影响。因此，在传统的结构—行为—绩效范式中，原来的市场结构关系难以可靠分析放松管制改革期间产业绩效的变化，那么，当原有的结构范式中新增加了产权结构和管制政策这两个重要因素之后，这种结构就会变得更加稳定，所产生的因果关系也会更加确定。即产生基于市场结构、产权结构和管制政策对厂商行为和市场绩效影响扩展的结构—行为—绩效分析范式。另外，在这个范式中，我们还考虑了市场结构、产权结构和管制政策三者之间的相互影响，具体分析范式见图 4 - 1。

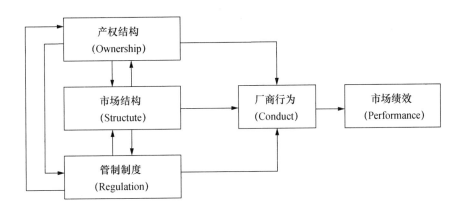

图 4 - 1　扩展的产业组织分析范式

在扩展的产业组织分析范式中，前文已经对市场结构进行了界定，由于市场结构主要反映了不同厂商之间的竞争关系，因此，市场结构反映了电信市场竞争的状况。随着我国电信部门放松管制改革的实施，通过引入竞争和两次拆分改革，我国电信部门市场结构从完全垄断走向了垄断竞争，市场竞争的程度逐步增强，因此，电信部门市场竞争会带来电信部门绩效的提高。另外，市场竞争的程度我们可以利用市场中的企业数量、产业集中度等方法来衡量。

在扩展的产业组织分析范式中，产权结构是指一个企业的产权构成情况，也就是企业的权益资本构成情况。电信部门产权改革的目标是通过电信运营商的有效治理，提高电信部门的运营绩效，增加社会总福利。产权理论认为，市场经济制度安排本质上是产权制度的安排，明确界定产权是市场经济中有效配置资源的必要条件。以科斯为代表的产权理论指出，市场失灵的根源在于产权界定的不清，由此造成交易过程中的摩擦会影响企业行为和资源配置的效率。从国有产权特点来看，存在着国有产权界定不清、国有控制权和剩余索取权不匹配、国有企业产权超经济性质的特点。这必将降低资源配置效率和激励功能，进而影响产业绩效。而企业的产权结构是企业控制权的分配基础，在公司治理中起着基础性、在某种意义上起决定性作用，对于企业绩效有着重要的影响作用。产权结构一般利用不同产权构成的比重来衡量。

最后，扩展的产业组织分析范式中的管制政策是指对该种产业的结构及其经济绩效的主要方面的直接的政府规定，比如进入控制、价格决定、服务条件及质量的规定。其实质是在竞争性几乎不存在或竞争无效的垄断产业中，政府命令对竞争的明显取代，即建立一种类似于竞争的刺激机制，以限制于引导垄断企业的经济决策，消除各种非效率现象，以达到低价格和低成本的目的。在电信部门放松管制改革中，管制政策的变化主要表现为建立独立或相对独立的管制机构，以及颁布《电信法》。

在现存研究文献中一般利用这两个政策措施来衡量政府管制状况。一方面，管制机构的独立程度反映了管制权力的分配和行使的自由程度。独立性要求管制机构既要独立于利益集团，又要独立于政府行政体系。首先，管制独立性有利于明确管制职责和目标。其次，管制机构之间明确分配权力和任务是降低管制俘获和提高管制承诺的重要机制。而且，当政治体制不稳定时，一个强有力的专业管制机构将能保持管制政策的稳定性。因此，一般而言，在各种制度完善时，独立性与管制绩效呈正相关。另一方面，颁布《电信法》后，健全的法律会形成政府有效管制的制度基础。法律具有强制性特征，在很多发展中国家，制度环境不完备是一个显著的特征，相关的制度保障缺乏、成本审核和监督能力低下和俘获成本低等都增加了政治风险和管制风险。因此，颁布《电信法》有利于增加可信性，提高管制承诺能力，减少管制俘获。

本书将扩展的产业组织分析范式应用到研究我国电信部门放松管制改革绩效估算中，由于厂商行为仅是中间变化，并不会影响到估算结果的偏差，我们将中间环节——厂商行为变化视为一个"黑箱"，直接建立起政策与绩效之间的关系。本书着重考察市场结构、产权结构和管制政策的变化最终对电信产业绩效之间的影响，即考察竞争、产权和管制与产业绩效的关系。扩展的产业组织分析范式在我国电信部门的应用可见图4－2。在图中，我们概括了我国电信部门放松管制改革的三维度因素：竞争、产权和管制。竞争改革方式包括了引入竞争和两次拆分，产权改革主要方式

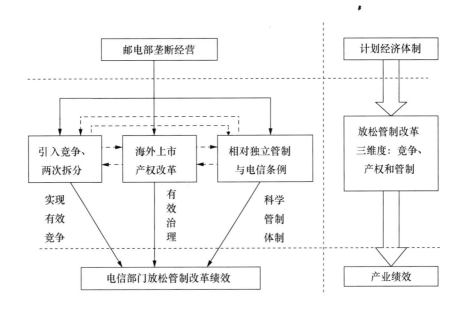

图4－2　我国电信部门竞争、产权和管制与产业绩效关系

是海外上市产权改革，管制政策的变化包括建立相对独立管制和颁布《电信条例》。而且，三个放松管制改革政策之间存在着相互影响的关系。通过实现电信部门的有效竞争、有效治理和科学管制体制，来达到改善电信部门绩效的目标。

在电信部门放松管制改革中，一般会伴有竞争、产权和管制三个政策措施的变化，这是扩展的产业组织分析范式的基础。三个政策的排列组合会引申出以下几个重要问题。诸如，究竟三个政策措施各自对电信部门绩效的影响如何？谁的影响更大？放松管制改革的不同程度对产业绩效的影响如何？各个政策措施之间存在着相互补充还是排斥的关系？改革措施推出的顺序不同是否产生不同的效果？而市场结构、产权结构和管制政策变化的基础理论主要来自经济学中的竞争、产权和管制理论，因此，本章主要研究市场竞争、产权改革与管制理论与产业绩效之间的关系，结合我国电信部门放松管制改革的特征，提出研究假设。

第二节　我国放松管制改革与电信部门绩效关系的研究假设

从 1994 年中国信息产业部成立以来，我国电信部门从一个政企合一、由国家垄断经营的部门，演变为由 "5＋1" 的竞争格局。而且，拆分后中国移动、中国联通、中国电信和联通分别进行了产权改革，成为具有国际产权的大型集团公司。在管制政策方面，2000 年颁布了《电信条例》成为电信部门管制的基础，价格管制不断放松，尤其是加入世界贸易组织前后，对我国电信管制的国际化接轨也起到很大作用。这一系列轰轰烈烈的放松管制改革在短短十年内完成，伴随着中国电信部门绩效也发生了"奇迹"式的变化。那么，电信改革与部门绩效提高之间到底有何关系？本书基于结构—行为—绩效分析范式，根据竞争、产权和管制理论，提出关于放松管制改革对电信部门绩效影响的研究假设。

为衡量电信部门的绩效，我们采用国外文献惯用的两种衡量电信部门放松管制改革绩效的方法：一种是利用电信产业绩效变量（简称产业绩效）来衡量，采用简化模型来实证研究。在竞争性产业一般选用利润最大化相关指标来衡量产业绩效，但一般不适用于自然垄断产业，因此，自然垄断产业更侧重于社会福利最大化。因此，纵览电信部门放松管制改革对产业绩效影响的文献，一般采用电信服务价格、电话普及率和通话量，来衡量电信部门的社会福利、普遍服务和产出量。另一种是利用电信全要素生产率来衡量，采用生产函数或非参数方法来实证研究。这种方法主要从放松管制改革对电信部门内部效率影响的角度来分析。在本书中，将采用这两种方法分别从产业绩效变量和效率角度衡量电信部门放松管制改革绩效，后面的相关研究假设也将涉及这两方面。

一　市场竞争与电信部门绩效关系的假设

许多经济文献认为竞争对改善企业内部效率和产业效率起到重要作用。巴里和约瑟夫（Barry and Joseph）[①]，哈特（Hart）[②] 和罗斯（Ros）[③]认为无论国家还是私人拥有财产，竞争性市场使得企业股东较容易获得更多的信息推断管理工作，因此减少了信息成本。在竞争性市场中，政府或管制者也能更有效和透明地设计和执行管制，对于企业管理层来说，经营业绩更加容易被观察到，而且，管理层提高企业业绩可以从职业经理人才市场上得到更好的合同。其次，阿尔钦和基塞尔（Alchian and Kessel）[④]，威廉姆森、莱宾斯坦和麦克纳马拉（Williamson[⑤]、Leibenstein[⑥]and MacNamara）[⑦] 强调在产品市场中竞争是一个提高分配效率和促进技术进步的可靠机制，市场中缺乏竞争是生产效率低下（也称为 X - inefficiency）的

① Barry, J. and Joseph, E. S., Prizes and Incentives: Towards a General Theory of Compensation and Competition [J]. *Bell Journal of Economics*, 1983, 14 (1): 21 - 43.

② Hart, O., The Market Mechanism as an Incentive Scheme [J]. *Bell Journal of Economics*, 1983, 14 (2): 366 - 382.

③ Ros, A. J., Does Ownership or Competition Matter? The Effect of Telecommunicaitons Reform on Network Expansion and Efficency [J]. *Journal of Regulatory Economics*, 1999 (15): 65 - 92.

④ Alchian, A. A. and Kessel, R. A., Competition, Monopoly and the Pursuit of Money [J]. *Aspects of Labor Economics*, 1962, 14: 157 - 183.

⑤ Williamson, O. E., Managerial Discretion and Business Behavior [J]. *The American Economic Review*, 1963 (44): 1032 - 1057.

⑥ Leibenstein, H., Allocative Efficiency Vs. X - Efficiency [J]. *American Economic Review*, 1966, 56 (3): 392 - 415.

⑦ McNamara, J. R., *The Economics of Innovation in the Telecommunications Industry* [M]. New York: Quorum Books, 1991.

重要原因之一。哈耶克（Hayek）[①] 也认为在竞争市场中价格和利润能够更好地反映企业的成本和投入产出效率，从而激励企业不断提高内部效率。

然而，尼克尔（Nickell）认为并不是所有的竞争模型都能预测到竞争能带来生产力的提高[②]。熊彼特经济学说主张者认为，如果企业具有强大市场力，不仅面临着较少不确定性，而且还拥有更充裕的现金流，这使得企业更愿意投入研发和进行创新。但是也有学者对这一观点持反对态度。他们认为在一些国家发达完善的资本市场，即便新进入者也能够获得发展支持和采用新技术。从某种程度上来说，新进入者更容易采用新兴和便宜技术，而在位者拥有大量进退两难的落后技术资产。竞争可能会更支持技术创新从而提高了全要素生产率。

与世界其他国家民营企业为竞争主体有所区别，中国电信部门完全由国有企业独占。这种差别也意味着必须考虑政府对产业竞争程度的影响。这种影响表现于两个方面：一方面，同一股东下的企业存在着限制竞争的因素，作为同一投资者——政府来说，具有实现资产增值保值的目标。如果限制竞争带给政府的收益（G1）大于完全靠市场竞争的收益（G2），即 G1 > G2，那么政府就会通过管理协调来限制竞争。可以说，中国电信部门并非完全市场意义上的竞争。另一方面，本书认为虽然产业内都是国有企业，但是由于企业有各自的独立利益，同样存在着促进竞争的因素。这些因素包括：（1）当 G1 ≤ G2 时，政府会通过激励机制促进国有企业之间的竞争，例如，设计资产增值保值、利润等综合考核指标；（2）绩效好坏关系到国有企业高管的酬薪、职位升迁和成就感；（3）绩效的好坏也关系到员工和经理层的收入、职位、荣誉感等。因此，这些因素使得国有企业之间也存在着较强的竞争。这种竞争提高了电信部门的配置效率和国有企业的内部效率，更加注重技术上的创新和使用新技术，这减少了企业成本，降低了电信服务价格；同时竞争也形成了对电信用户市场的激烈

① Hayek, F. A., The use of Knowledge in Society [J]. *American Economic Review*, 1945, 35 (4): 519 – 530.

② Nickell, S., Competition and Corporate Performance [J]. *Journal of Political Economy*, 1996 (106): 724 – 746.

争夺，提高了电话用户普及率。由于价格下降和电话普及率的提高，最终会增加通话量。就此，我们提出以下假设。

Comp1：电信部门去垄断后所形成的市场竞争显著降低了电信服务价格；

Comp2：电信部门去垄断后所形成的市场竞争显著增加了电信通话量；

Comp4：电信部门去垄断后所形成的市场竞争显著提高了全要素生产率。

传统规模经济理论认为电信部门属于自然垄断产业，自然垄断产业内进行竞争将导致浪费或破坏性竞争，最终造成社会福利损害。但是随着鲍莫尔、潘扎和威林[1]重新定义了规模经济和成本劣加性的概念，并且鲍莫尔、潘扎、威林和夏基[2]利用成本劣加性重新定义了自然垄断产业，多产品定义的新理论使得电信部门不再完全是一个自然垄断产业，只要取消人为的进入和退出壁垒，同时依靠科技进步和技术发展尽量消除沉没成本，就可以形成可竞争市场。在可竞争性市场，竞争会提高产业效率，减少产业成本，增加电信服务需求，最终可能促进电信普及（网络扩展）。

但是，伯格和奇尔哈特[3]认为传统的自然垄断产业可以分为强自然垄断和弱自然垄断产业，对于强自然垄断产业，规模经济能保证一个企业比多个企业更能在低成本下满足社会需求，追求经济福利最大化就会限制其他企业进入。李怀[4]也指出，强自然垄断产业以较强的网络经济效益为标准，应保持垄断。电信产业中的有线通信业务具有自然垄断性质[5]，因此电信网络可能会具有较强的自然垄断性。权衡之后，我们坚持电信部门已经不再具有较强的自然垄断性并提出以下假设：

---

① Baumal, W. J. and Willing, R. D., Contestable Markets: An Uprising in the Theory of Industry Structure [J]. *American Economic Review*, 1982 (1): 1 – 15.

② Ibid. .

③ Berg, S. V. and Tschirhart, J., *Natural Monopoly Regulation—Principles and Practice* [M]. Cambridge: Cambridge University Press, 1988.

④ 李怀：《基于规模经济和网络经济效益的自然垄断理论创新》，《管理世界》2004年第4期。

⑤ 王俊豪：《论自然垄断产业的有效竞争》，《经济研究》1998年第10期。

Comp3：电信部门去垄断后所形成的市场竞争显著提高了电话用户普及率。

二 产权改革与电信部门绩效关系的假设

产权模式对企业行为和绩效有重要影响，因为产权变化在边际上改变了决策者的激励方式[1]。有诸多文献讨论了产权理论包括阿尔钦（Alachian）[2]，尼斯卡伦、谢尔弗和维什尼（Niskanen[3]，Sheilfer and Vishny）[4]以及博伊科（Boycko）等[5]，他们强调产权分配的变化导致了管理激励方式的不同，同时也导致了管理行为和企业绩效的改变。许多学者认为国有产权比民营产权具有天然的绩效劣势。一方面，所有的公民作为国有企业的股东，具有分散微弱的产权，存在着严重的委托—代理问题[6]。通过民营化消除这种多层次的代理结构（大众—政府—国有企业经理人员），建立委托人和代理人之间的直接联系（持股人—私人企业经理人员），可以获得更高的企业绩效[7]。另一方面，亏损国有企业会从政府那里得到补贴，带来了软预算约束问题，影响了企业管理者高效运作的积极性[8]。但是，有些学者认为私有制条件下的委托—代理结构，信息不对称、激励不相容和责任不对等的问题都是存在的，私有企业的绩效不见得比国有企业高[9]。而且，国有企业并非注定要永远承担这种政府指定的政策性负担，

---

① North, D. C. , *Institutions, Institutional Change, and Economic Performance.* Cambridge. New York: Cambridge University Press, 1990.

② Alchian, A. A. , *Some Economics of Property Rights* [M]. London: Giuffre Press, 1965.

③ Niskanen, W. A. , *Bureaucracy and Representative Government* [M]. Chicago: Aldine, 1971.

④ Andrei, S. and Vishny, R. W. , Politicians and Firms [J]. *The Quarterly Journal of Economics*, 1994, 109 (4): 995 – 1025.

⑤ Boycko, M. , Shleifer, A. and Vishny, R. W. , A *Theory of Privatization. Chicago: Center for Research in Security Prices* [D]. Graduate School of Business, University of Chicago, 1993.

⑥ Ibid. .

⑦ Yarrow, G. , Privatization in Theory and Practice [J]. *Economic Policy*, 1986 (2): 324 – 364.

⑧ Kornai, J. and Weibull, J. , Paternalism, Buyers and Sellers Markets [J]. *Mathematical and Social Sciences*, 1983 (6): 153 – 169.

⑨ Vickers, J. and Yarrow, G. , Economic Perspectives on Privatization [J]. *Journal of Economic Perspectives*, 1991 (5): 111 – 132.

因而软预算约束也就不是其必然的性质①。

我国电信部门产权改革并没有采取完全民营化的方式，而是采取了上市产权改革的方式，国家并没有失去最终控制权。那么上市产权改革的绩效如何？一方面，在定性研究上，D'Souza 等人认为，企业上市后，由于受到资本市场的压力、所有者激励方式的变化、董事会的变化，等等，这些因素会提高企业绩效②。另一方面，在实证上，Megginson 等人、Boubakri and Cosset 以及 D'Souza 和 Megginson 三篇有代表性的文献验证了上市产权改革能够显著提高企业绩效③。尽管我国电信企业海外上市可能会存在着前面所提及的国有资产流失等问题，但是从上市产权改革的积极因素来看，上市可以实现电信企业经营权和所有权的分离，改善国有企业的产权结构，而且上市也会使企业经营管理受到外部资本市场的制衡。因此可以认为，上市产权改革也能提高电信部门的技术效率，并导致运营成本下降，从而降低电信服务价格，最终增加电信部门产出。鉴于此，假设如下：

Owner1：电信部门以海外上市推动的产权改革显著降低了电信服务价格；

Owner2：电信部门以海外上市推动的产权改革显著增加了电信通话量；

Owner3：电信部门以海外上市推动的产权改革显著提高了电话用户的普及率；

Owner4：电信部门以海外上市推动的产权改革显著提高了全要素生产率。

三　管制政策变化与电信部门绩效关系的假设

管制政策对电信部门绩效有较大影响。一方面，在风险很大的管制条件下，私有投资者不愿意投资和扩大生产。因此，一套设计完善的管制体

①　林毅夫：《国企监督效率为何低下》，《中国证券报》2002 年 9 月 3 日。

②　D'Souza, J., Megginson, W. and Nash, R., Determinants of Performance Improvements in Privatized Firms: The Role of Restructuring and Corporate Governance [R]. *Working Paper*, 2000.

③　Megginson, W., Nash, R. and Randenborgh, M., The Financial and Operating Prformance of Newly Privatized Firms: An international Empirical Analysis [J]. *Journal of Finance*, 1994 (2): 403 - 452.

制不仅可以用来防止垄断权的滥用来保护消费者，也可防止随意的政治干涉用来保护投资者，又可以激励电信企业有效运营和投资[1]。另一方面，严格管制会给企业的投入产出决策带来负面影响，并且会降低企业生产率[2]。因此，Levy 和 Spiller[3]认为有效的管制系统可以限制政府干涉电信部门运营以增加投资者信心，行政干预不仅会引起投资者对资产安全性的担忧，影响他们的投资信心，而且会影响管制产业的绩效。而且，实证研究结论也表明在制度上有一个良好的监管体系会改善投资和经济环境[4]。在我国电信部门，完全独立的电信管制体系并没有建立，但是，1998 年信息产业部成立后，负责电信部门监管，破除了邮电部政企合一的局面，形成了相对独立的电信管制机构。2000 年《电信条例》颁布后，政府不再完全控制移动和长途电话价格，逐步将定价权放回到企业。而且，我国加入世界贸易组织后，不仅受到世界贸易组织管制政策的影响，也受到国际电信巨头的竞争压力，这种压力也会促使电信部门不断提高绩效。因此，我们期望管制政策变化能够带来绩效的改善。因此，我们验证：

Reg1：电信部门管制政策变化显著降低了电信服务价格；

Reg2：电信部门管制政策变化显著增加了电信通话量；

Reg3：电信部门管制政策变化显著提高了电话用户的普及率；

Reg4：电信部门管制政策变化显著提高了全要素生产率。

四　三者交互作用与产业绩效关系的假设

我国电信部门竞争、产权和管制改革连续在近十年相继推出，不同政策之间必然存在互相影响，即一项政策改革可能会受到另一项政策变化的影响。一方面，两项政策之间可能存在互补的关系，共同提高了产业绩

①　Laffont，J. and Tirole，J.，A *Theory of Incentives in Procurement and Regulation* ［M］，Cambridge：MIT Press，1992.

②　Averch H.，and Johnson，L. The Behavior of the Firm Under Regulatory Constraint［J］．*American Economic Review*，1962（5）：1053 – 1069.

③　Levy，B. and Spiller，P. T.，*Regulations，Institutions，and Commitment：Comparative Studies of Telecommunications*［M］．New York：Cambridge University Press，1996.

④　Henisz，W. and Zelner，B. A.，The Institutional Environment for Telecommunications Investment［J］．*Journal of Economics and Management Strategy*，2001（10）：123 – 147.

效①，另一方面也可能两项政策存在着排斥的关系，互相并不能改善产业绩效，甚至降低了绩效。因此，对于电信放松管制改革绩效来说，割舍其政策联系来评估单项改革政策，或许像盲人摸象，不能反映改革的全貌。

（一）竞争和管制的交互作用与产业绩效关系的研究假设

在基础电信部门，管制至少能发挥两个作用。首先，如果市场结构不是竞争性的，那么，在产出市场上的管制行为（例如，通过固定的消费价格）可以帮助模仿竞争市场的结果。从这种意义上讲，当这个市场上的垄断者已经被私有化，管制成为竞争的不完全替代者。其次，由于主导运营商控制着重要基础设施的接入权。对进入竞争者来说，接入管制是其进入市场竞争所必需的。因此有效的互联互通管制乃是电信市场形成有实质竞争的先决条件②。另外，政府放松价格管制后，新进入企业可以利用降低价格作为竞争手段，随着价格下降增加了电信需求，最终可能会影响到电信产出和电话用户的普及。正是以上原因，我们假设：

RC1：管制政策变化与竞争的交互作用显著降低了电信服务价格；

RC2：管制政策变化与竞争的交互作用显著增加了电信通话量；

RC3：管制政策变化与竞争的交互作用显著提高了电话用户的普及率。

（二）产权和管制交互作用与产业绩效关系的研究假设

在20世纪90年代早期，许多著名经济学家建议东欧和苏联改革国有企业唯一理想的方法是实行快速私有化。某种程度上，在经济学界存在着改革顺序的争议。这些经济学家的研究主要集中在公司治理和宏观经济条件的改革，但是鲜有关注微观产业结构或制度问题。尤其是这些早期的学术之争，几乎完全忽视了竞争和管制问题。到90年代末期，改革者认识到忽视制度和竞争架构是一个错误，并且在私有化之前建立一个管制框架乃是明智之举。私有产权具有逐利性，尤其垄断企业民营化过程，管制可以帮助实现普遍服务。我国电信企业上市后逐渐以收益最大化而不是普遍

---

① 在考察放松管制改革交互作用对电信部门绩效影响中，限于精力有限，我们考虑了交互作用对产业绩效影响，而没有考虑对全要素生产率的影响。

② Laffont, J. J., Rey, P. and Tirole, J., Network Competition: Overview and Nondiscriminatory Pricing [J]. *Rand Journal of Economics*, 1998 (29): 1 – 37.

服务为企业目标①，在存在风险的规制环境下，民营运营商不愿意投资并且会降低产量②。因此，管制政策变化能够促进电信部门顺利地实现民营化，我们验证：

RO1：管制政策变化与产权的交互作用显著降低了电信服务价格；

RO2：管制政策变化与产权的交互作用显著增加了电信通话量；

RO3：管制政策变化与产权的交互作用显著提高了电话用户的普及率。

（三）竞争和产权交互作用与产业绩效关系的研究假设

民营化有其固有局限性。在出现外部性、规模和范围经济时，民营企业可能会恶化经济绩效。这时，民营企业可能限制产出或牺牲一些非利润目标（诸如电话普遍服务义务）。但是，随着技术的快速发展，在电信等自然垄断产业，其规模和范围经济不断减弱，也弱化了支持电信部门国有垄断的经济基本原理。另外，外部性和普遍服务义务也可以通过管制来解决。值得强调的是，在民营化的同时，如不引入竞争，将产生私有垄断现象。多数经济学家认为通过竞争来限制在位者的市场力，民营化才能起作用③。斯蒂格利茨也认为民营化的垄断企业会常常试图用金钱和政治影响阻碍改革，特别是那些有可能带来更大程度竞争的改革。其结果是，租金从公共部门转移到私有部门，而效率、价格或者服务上的收益却很小④。因此，竞争被认为是民营化的一个补充。

产品市场竞争是改善绩效的重要力量。假若企业共同面临着硬预算约束，竞争会淘汰低效率企业，破产的威胁会迫使现有市场的运营商更有效地减少治理失败的概率。由于国有企业几乎很少在硬预算约束下运营，因此，市场竞争对绩效的正面影响更可能在民营企业出现，这进一步证明了

---

① Zhao, Y. , Universal Service and China's Telecommunications Miracle Discourses Practices, and Post – WTO Accession Challenges ［J］. *Info*, 2007（9）：108 – 201.

② Gupta, J. P. and Sravat, A. K. , Development and Project Financing of Private Power Project in Developing Countries：A Case Study of India ［J］. *International Journal of Project Management*, 1998, 16（2）：99 – 105.

③ Yarrow, G. , Privatization in Theory and Practice ［J］. *Economic Policy*, 1986（2）：324 – 364.

④ 约瑟夫·斯蒂格利茨：《促进规制与竞争政策：以网络产业为例》，《数量经济技术经济研究》1999 年第 10 期。

民营化和竞争的补充作用。

然而，我国电信部门没有采取完全民营化国有垄断企业的改革模式，而是先经过拆分改革后，逐步将主要电信运营商海外上市，那么，在竞争的电信市场，股票发行的民营化产权改革能不能提高我国电信产业的绩效呢？是否能够得到与 Fink 等[1]以及 Li 和 Xu[2] 一致的研究结论呢？这是一个非常值得去实证的问题。因此，我们验证：

CO1：竞争与产权的交互作用显著降低了电信服务价格；

CO2：竞争与产权的交互作用显著增加了电信通话量；

CO3：竞争与产权的交互作用显著提高了电话用户的普及率。

在本书的以后两个章节中，将分别利用电信部门发展数据来验证上面所提出的研究假设。其中，假设 Comp1 – Comp3、Owner1 – Owner3 和 Reg1 – Reg3，以及假设 RC1 – RC3、RO1 – RO3 和 CO1 – CO3，即竞争、产权、管制以及三者的交互作用与产业绩效代表性变量之间的假设关系，将在第五章中，利用 1998—2007 年电信发展数据来进行验证[3]；假设 Comp4、Owner4 和 Reg4，即竞争、产权、管制与电信部门全要素生产率之间的假设关系，将在第六章中，利用 1994—2007 年电信部门的发展数据来进行验证。

---

① Fink, C., Mattoo, A. and Rathindran, R., An Assessment of Telecommunications Reform in Developing Countries [J]. *Information Economics and Policy*, 2003 (4): 443 – 472.

② Li, W. and Xu, L. C., The Impact of Privatization and Competition in the Telecommunications Sector Around the World [J]. *The Journal of Law and Economics*, 2004 (2): 395 – 430.

③ 部分绩效变量的数据仅在 1998 年之后可得，因此，我们截取了 1998—2007 年的数据进行验证假设。

第五章　我国电信部门放松管制对产业绩效影响的实证研究

　　1998 年以来，我国电信部门进行了前所未有的分拆和大刀阔斧的海外上市，管制政策也发生了较大变化。在 1998—2007 年期间，我国电信产业绩效得到了快速提升。从电信服务价格、电话用户普及率和通话量来看，电信产业绩效发生了显著的变化。在图 5 - 1、图 5 - 2 和图 5 - 3 中，各省移动电话用户月均收入的平均值在这期间下降了近一半，而且，固定电话价格也有一定程度的下降。这期间表现最为明显的是移动电话普及率和通话量得到了迅速提升，同时，固定电话也得到了较大普及，其通话量也有所提高。从图中还可以看出，在 2003 年以后，移动电话服务价格接近固定电话价格后，移动通信对固定通信形成了替代，固定电话业务量提高缓慢，甚至出现了萎缩现象。

　　本章将重点利用我国 31 个省、市和自治区电信部门发展数据，来验证第五章所提出来的研究假设。主要考察不同的放松管制改革措施对我国电信产业总体和细分市场绩效（电信服务价格、电话普及率和通话量）的影响机制。即这些放松管制改革措施究竟带来了怎样的变化？哪些改革措施具有积极提高电信产业绩效的作用？不同改革措施的变化对电信部门产生怎样的绩效影响？改革措施之间的交互作用对电信产业绩效产生怎样的影响？以及进一步放松管制改革的发展潜力和空间还有多大？另外电信部门出现"一家独大"的竞争失衡现象究竟是什么原因所引起的？对于这些问题的回答，成为我国电信部门进一步放松管制改革的重点环节，也是本章的研究内容。

　　尽管较多文献以发展中国家的面板数据进行放松管制改革绩效的实证研究，但是涉及单个国家的面板实证研究较少。我国是一个非常适合面板研究的国家。首先，我国电信部门自放松管制改革以来所取得的绩效是世

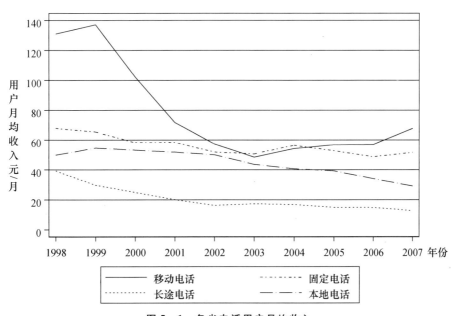

图 5-1　各省电话用户月均收入

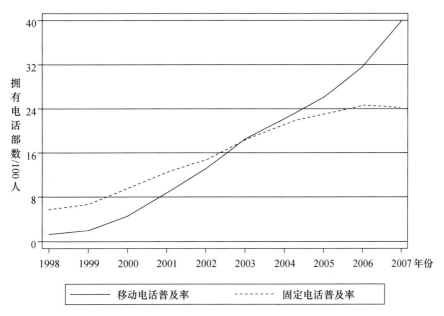

图 5-2　1998—2007 年各省平均电话普及率

亿分钟

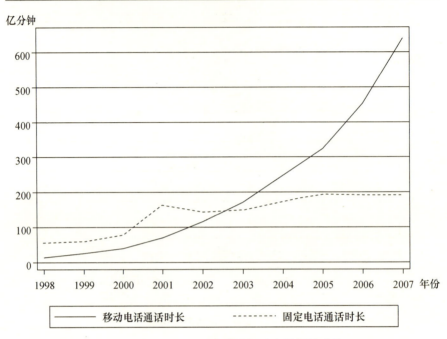

图 5 - 3　1998—2007 年各省平均电话通话时长

界有目共睹的。而且，地区之间的经济条件差异较大，以及电信部门发展
也存在着区域差别。东部沿海地区率先进行了电信产业改革，发展也领先
于西部地区①。另外，中国经济和政策制定也具有地区分散性特征②。地
方政府在制定政策或执行中央政策上具有不同程度的差异。这种地区间的
经济差异、分权特征和电信改革的不同进程，为实证我国电信部门放松管
制改革绩效提供了重要的先决条件。

　　本章试图利用 1998—2007 年电信部门放松管制期间我国大陆 31 个省
（市、自治区）的面板数据，对中国电信竞争、产权改革和管制制度变化
对产业绩效（电信服务价格、电话普及率和通话量）的影响进行实证研

　　①　Fang and David, C. Y. , An Empirical Study About the Impacts of China's Accession to the
WTO on the Telecommunications Industry in China ［J］. *Journal of Organizational Computing and Elec-
tronic Commerce*, 2006, 16 (1): 31 - 50.

　　②　Cao, Y. , Qian, Y. and Barry, R. , W. From Federalism, Chinese Style to Privatization, Chinese
Style ［J］. *Economics of Transition*, 1999, 7 (1): 103 - 131.

究。本章的可能贡献在于：（1）与以往文献不同，本书从市场竞争、产权改革和管制政策变化角度评估电信改革的效果；而且，不仅考察了总体电信部门，也考虑了其细分市场——移动通信和固定通信业务，以探究我国电信部门竞争失衡之谜。（2）在研究方法上，本书还考察了市场竞争、产权改革和管制政策变化之间的交互影响，并克服了竞争和产权衡量变量的内生性问题。（3）市场竞争、产权改革和管制体制改革依然是深化电信体制改革的难点问题，本书的研究结果将对我国电信部门进一步放松管制改革，乃至对整个自然垄断行业放松管制改革有借鉴意义。

本章结构安排如下：第一部分，阐明数据问题以及基本估计方法；第二部分，实证分析市场竞争与产权改革对电信产业绩效的影响；第三部分，实证分析配套管制政策变化对产业绩效的影响。

第一节　数据和基本估计方法

一　数据说明与指标选取

为验证第五章研究假设，本书运用的数据集包括了中国大陆 31 个省（直辖市、自治区），从 1998—2007 年电信部门和宏观经济发展数据①。主要有三个重要来源：（1）宏观经济数据主要来源于国家和各省统计年鉴；（2）电信部门和企业数据主要来源于信息产业部的统计年鉴和报告；（3）部分企业数据来源于电信企业年报。其中，原始数据摘自历年《中国统计年鉴》、《新中国五十五年统计资料汇编》、各省统计年鉴、《中国通信统计年度报告》、《中国信息产业年鉴》等；企业部分数据摘自 1997—2007 年中国移动上市公司年报、2000—2007 年中国联通上市公司年报、2002—2007 年中国电信上市公司年报、2004—2007 年中国网通上市公司年报。为进行实证研究，我们构造了电信产业绩效变量、核心改革变量和宏观经济发展控制变量。对于这些变量的详细描述如下：

纵览国外电信改革绩效实证文献，一般利用电信服务价格、用户普及率或网络扩张、通话业务量和劳动生产率来反映产业绩效。由于电信职工

---

① 由于部分数据不可得，本章没有考察 1994—1997 年间的影响。

人数等详细数据缺失，本章将使用电话用户月均收入、每百人拥有电话数、电话通话时长等绩效指标来捕捉中国电信改革对总体电信服务价格、用户普及率和通话量的影响。本章还利用细分市场上的这三个绩效指标，来衡量移动和固定通信业务绩效。从图 5 - 1、图 5 - 2 和图 5 - 3 中，可以看出电信服务价格在 1998—2007 年期间下降较大，同时，电话用户普及率和通话量也得以飞速提高，因此，可以很好地捕捉这期间我国电信产业绩效的变化。另外，电话用户月均收入指标是由每用户月均收入来衡量，其值由通信主营业务平均月收入（由年收入计算得到）除以用户数量所得。并且，为了确保指标的可比性，根据《中国统计年鉴》中逐年电信费价格指数进行了平减。

竞争和产权变量：由于采用国家面板数据局限，多数国外文献利用虚拟变量来衡量竞争和产权这两个指标[①]，但是，虚拟变量难以捕捉竞争和产权改革的具体程度，因此，计量结论说服力不强。本书在这方面作出改进，其核心变量竞争和产权变量采用了连续型变量。其中，电信部门竞争利用连续变量市场集中度指数——赫芬达尔指数（HHI）来衡量。

$$HHI = \sum_{i=1}^{n} (x_i)^2 \qquad (5-1)$$

其中，i 为电信企业的数量，x_i 表示不同电信企业的用户市场份额。HHI 在 0—1 之间变化，0 代表完全竞争，1 代表垄断。在稳健性检验过程中，我们采用了各个省份企业的数量来衡量电信部门的竞争程度。另外，由于中国卫通主要从事卫星通信，因此没有将其纳入市场集中度和电信企业数量的计算中。另外，本书还利用 MobileHHI 和 FixedHHI 分别衡量移动和固定通信领域的竞争，其计算方式等同于 HHI，只是 x_i 表示移动和固定通信内部的电信企业的用户市场份额。

另一方面，选择各省电信部门国有股权比例指标来衡量电信部门产权改革。之所以选择这个指标，是因为电信企业各省分公司的上市步伐并不

① 沃尔斯登[43]利用新进入到移动市场的企业数量衡量竞争，以电信企业开始民营化这一年为标志，设置虚拟变量衡量民营化；芬克等[87]以在位企业是完全或者部分民营化设置虚拟变量衡量民营化，以是否移动部门存在竞争设置虚拟变量衡量竞争；Li 和 Xu[71]以产业是否垄断设置虚拟变量衡量竞争，以开始民营化的这一年为标志设置虚拟变量衡量民营化。

一致，随着不断发行股票，国有股权比例持续下降，产权改革也不断深入，因此，国有股权比例的变化能够比较准确地衡量产权改革的程度。其中，国有股权的比例在0—1之间变化，0表示完全民营化，1表示完全国有。在此需要说明的是，为了在考察竞争和产权的相互影响时，保持竞争与产权的变化趋势一致，因此，我们没采取民营化股权比例来衡量产权改革[①]。另外，为保证结果的稳健性，我们还利用各省份电信企业海外上市的数量，再次考察了产权改革的影响。

控制变量：包括人均GDP、15—64岁人口比例、城镇人口所占总人口比重，这些指标分别衡量中国经济增长或居民收入变化、人口结构和城市化程度。其中，三个变量分别由各省份GDP、15—64岁人口数量和城镇人口数量除以总人口数量计算而得，另外，人均GDP指标通过各地区GDP价格指数进行了平减处理。所有变量的描述性统计见表5-1。

表 5-1　　　　　变量的统计性描述（1998—2007 年）

	变量	变量描述	平均值	标准差	最小值	最大值
电信总体绩效	ARPU	电话 ARPU（元）	79.27	31.49	43.90	235.2
	Popul	电话用户普及率（部/百人）	36.81	31.55	2.20	198.96
	Traffic	电话通话时长（亿分钟）	380.35	448.88	2.52	3537.42
移动通信绩效	MARPU	移动电话 ARPU（元）	83.19	43.72	25.51	320.59
	Mpopul	移动电话用户普及率（部/百人）	21.30	21.16	0.47	117.65
	Mtraffic	移动电话通话时长（亿分钟）	254.47	365.90	0.53	3082
固定通信绩效	LongARPU	长途电话 ARPU（元）	24.77	18.73	7.94	145.48
	LocalARPU	本地电话 ARPU（元）	47.10	15.57	19.32	161.50
	Fpopul	固定电话用户普及率（部/百人）	19.89	13.06	2.18	81.31
	Ftraffic	固定电话通话时长（亿分钟）	187	189	1.99	1218
电信总体竞争	HHI	电信市场集中度	0.47	0.19	0.29	1
	FirmNo	电信企业数量	4.094	1.074	1	5
移动竞争	MHHI	移动通信市场集中度	0.658	0.155	0.5	1
	CMoff	中国移动是否拆分出来	0.894	0.309	0	1

---

① 国有股权的减少即是民营股权的增加，仅是回归系数的正负方向相反而已。

变量		变量描述	平均值	标准差	最小值	最大值
固定竞争	FHHI	固定通信市场集中度	0.92	0.09	0.574	1
	Fixedoff	南北拆分是否彼此进入	0.52	0.50	0	1
电信总体产权	SOequity	国有股权比例（%）	0.85	0.13	0.66	1
	ShareNo	电信企业海外上市数量	1.713	1.287	0	3
移动产权	CMSOE	中国移动国有股份比例（%）	0.84	0.119	0.743	1
	CUSOE	中国联通国有股份比例（%）	0.752	0.206	0.483	1
	MshareNo	移动电话企业上市数量	1.281	0.897	0	2
固定产权	CTSOE	中国电信国有股份比例（%）	0.951	0.076	0.83	1
	CNSOE	中国网通国有股份比例（%）	0.972	0.079	0.74	1
	FshareNo	固定电话企业上市数量	0.429	0.496	0	1
控制变量	GDPC	人均GDP（元）	4909	3289	1611	19650
	Pop	人口数量（万人）	4086	2610	245	9820
	Urban	城镇人口比例（%）	0.43	0.17	0.18	0.98
	Poprate	15—64岁人口比例（%）	0.709	0.038	0.608	0.802

二 固定效应模型

通过31个省级面板数据验证电信改革对绩效的影响。在固定效应模型中，设定基本面板模型为：

$$Y_{it} = X'_{it}\beta + \alpha_i + \varepsilon_{it} \quad i = 1, 2, \cdots, I, \quad t = 1, 2, \cdots, T \quad (5-2)$$

其中，Y_{it}为决策单元i在第t个观测区间的绩效（或绩效的对数）；X'_{it}为$n \times 1$维的向量，代表决策单元i在t个观测区间的投入数量；β为未知参数向量，α_i为固定影响效应，即来自个体的影响，ε_{it}为误差项。合并有：

$$\begin{bmatrix} Y_1 \\ Y_2 \\ \vdots \\ Y_n \end{bmatrix} = \begin{bmatrix} X_1 & 0 & \cdots & 0 \\ 0 & X_2 & \cdots & 0 \\ & & \vdots & \\ 0 & 0 & \cdots & X_n \end{bmatrix} \begin{bmatrix} \beta_1 \\ \beta_2 \\ \vdots \\ \beta_n \end{bmatrix} + \begin{bmatrix} \alpha_1 \\ \alpha_2 \\ \vdots \\ \alpha_n \end{bmatrix} + \begin{bmatrix} \varepsilon_1 \\ \varepsilon_2 \\ \vdots \\ \varepsilon_n \end{bmatrix} \quad (5-3)$$

或者

$$Y = [\, d_1, \ d_2, \ \cdots, \ d_n \ \ X \ ] \begin{bmatrix} \alpha \\ \beta \end{bmatrix} + \varepsilon \qquad (5-4)$$

其中，d_i 是代表第 i 个决策单元的虚拟变量。令 $nT \times n$ 矩阵 $D = [\, d_1, \ d_2, \ \cdots d_n]$。那么，排列所有 nT 行给出：

$$Y = D\,\alpha + X\beta + \varepsilon \qquad (5-5)$$

这通常被称为最小二乘虚拟变量模型，它是一个古典回归模型，故没有新的结果需要分析它。如果 n 是充分小的，此模型可以当做具有 $n+K$ 个参数的多元回归由最小二乘估计得到。其中 X 具有 K 个回归量而 D 有 n 列。对于分块回归，我们把 β 的最小二乘估计量写作：

$$\hat{\beta} = [\, X'M_d X\,]^{-1}[\, X'M_d Y\,] \qquad (5-6)$$

其中

$$M_d = 1 - D(D'D)^{-1}D' \qquad (5-7)$$

这相当于利用变换后数据的一个最小二乘回归，$X_d = M_d X$，且 $Y_d = M_d Y$。D 的结构是特别方便的，它的列是直交的，故

$$M_d = \begin{bmatrix} M_D & 0 & 0 & \cdots & 0 \\ 0 & M_D & 0 & \cdots & 0 \\ & & & \vdots & \\ 0 & 0 & 0 & \cdots & M_D \end{bmatrix} \qquad (5-8)$$

对角线上的每个矩阵是

$$M_D = I_T - \frac{1}{T}ii' \qquad (5-9)$$

用 M_D 前乘任何 $T \times 1$ 向量 Z_t 产生 $M_D Z_t = Z_t - \bar{Z}i$（注意：此均值仅仅是关于单位 i 的 T 个观测值求得的）。所以，$M_d Y$ 对 $M_d X$ 的回归等价于 $[\, Y_{it} - \bar{Y}_{it}\,]$ 对 $[\, X_{it} - \bar{X}_{it}\,]$ 的回归，其中 $\bar{X}_{it}$ 是 X_{it} 关于 T 个观测值的 $K \times 1$ 均值向量。其虚拟变量系数可以从规划后回归的其他正规方程中恢复：

$$D'D\alpha + D'X\beta = D'Y \qquad (5-10)$$

或

$$\alpha = [\, D'D\,]^{-1}D'\,(Y - X\beta) \qquad (5-11)$$

这意味着对于每一个 i，$\alpha_i = $ 第 i 组的均值残差

换言之，$\alpha_i = \overline{Y}_i - \beta' X_{it}$　　　　　　　　　　　　　　　　　　　（5 - 12）

β 的方差矩阵的相应估计量是：

$$Var[\beta] = s^2 [XM_d X]^{-1} \qquad (5 - 13)$$

它利用了各个 X 的普通二阶矩的矩阵，现在被表示为相对于它们各自单位均值的离差。扰动方差估计是：

$$s^2 = \frac{\sum_i \sum_t (Y_{it} - \alpha_i - \beta X_{it})^2}{nT - n - K} \qquad (5 - 14)$$

第 it 残差是

$$e_{it} = Y_{it} - \alpha_i - \beta' X_{it} \qquad (5 - 15)$$

这样，s^2 中的分子正好是 M_d 中回归平方残差的总和。

第二节　市场竞争、产权改革对产业绩效影响的实证研究

一　实证模型设计

本书参照了现有电信研究文献罗斯[①]和沃尔斯登[②]所设计的简化模型，但是，在竞争与产权变量度量上，为了减少使用虚拟变量带来的估计偏差，我们采用了连续变量，而且，本书还利用双固定效应（FE）模型控制到了每年的时间和特定省份相关的未观察因素影响。[③] 基本的回归模型如下：

$\ln Y_{it} = a_0 + \beta_1 (HHI_{it}) + \beta_2 (SOequity_{it}) + \beta_3 \ln(GDPC_{it}) + \beta_4 \ln(Population_{it}) + \beta_5 \ln(Urban_{it}) + \beta_6 \ln(Poprate_{it}) + \mu_i + \gamma_t + \varepsilon_{it}$　　　（5 - 16）

模型中，Y_{it} 是上面所讨论的三个电信部门绩效指标（$ARPU_{it}$、$Popularization_{it}$ 和 $Traffic_{it}$），因此，模型一共需要回归 3 次。其中，HHI_{it} 和 SO-

① Ros, A. J., Does Ownership or Competition Matter? The Effect of Telecommunicaitons Reform on Network Expansion and Efficency [J]. *Journal of Regulatory Economics*, 1999 (15): 65 - 92.

② Wallsten, S. J., An Econometric Analysis of Telecom Competition, Privatization, and Regulation in Africa and Latin America [J]. *The Journal of Industrial Economics*, 2001 (1): 1 - 19.

③ 芬克等[87] 及 Li 和 Xu[71] 只是简单控制时间趋势，没有控制到每年变化。

$equity_{it}$是主要估计的核心变量，HHI_{it}度量市场竞争程度，$SOequity_{it}$度量国有股权变化。a_0是常数项，μ_i表示省份i不随时间变化的未观察因素，而γ_t表示t年不随省份变化的时间亚变量，ε_{it}为随机扰动项。

竞争和产权之间的相互关系包含着两个方向的影响：一方面，当产权改革不足以改善企业治理机制时，竞争将起到约束国有企业管理层的作用；另一方面，当产权改革形成了较优的产权结构时，可以发挥市场竞争的作用①。因此，竞争与产权改革之间可以相互补充，达到对产业绩效提高的良好效果。那么，中国电信竞争与产权改革之间是否存在着这种补充关系呢？为此，我们在模型（5－16）中加入了交互项$HHI_{it} \times SOequity_{it}$，估计模型如下：

$$\ln Y_{it} = a_0 + \beta_1(HHI_{it}) + \beta_2(SOequity_{it}) + \beta_3(HHI_{it} \times SOequity_{it}) + \beta_4\ln(GDPC_{it}) + \beta_5\ln(Population_{it}) + \beta_6\ln(Urban_{it}) + \beta_7\ln(Poprate_{it}) + \mu_i + \gamma_t + \varepsilon_{it}$$

$$(5-17)$$

这样，产权对产业绩效的影响（包含着竞争对产权的影响）可以利用$\beta_2 + \beta_3 \times HHI$得到，而竞争对产业绩效的影响（包含着产权对竞争影响）利用$\beta_1 + \beta_3 \times SOequity$来估计。然后，与模型（5－16）所得到的产权与竞争变量（不包含相互影响）的系数相比较，就可以推断出竞争与产权改革之间是否存在双向补充的关系。

二　内生性问题的解决与工具变量

中国电信部门在全国各省的竞争和产权改革步伐并不一致，这种差异为研究改革与产业绩效关系如何，提供了较好的截面数据，不过也容易产生内生性问题。从某种意义上来说，政府改革者考虑的是改革后的期望收益，他们一般认为产业绩效表现优秀的省份优先改革后的预期绩效会更好。电信企业海外上市产权改革采取了"靓女先嫁"的方式。② 例如，在

---

① 施东辉：《转轨经济中的所有权与竞争：来自中国上市公司的经验验证》，《经济研究》2003年第8期。

② 中国移动最先上市的省份是浙江和广东分公司（1997年）；中国联通是北京、上海、天津、广东、江苏、浙江、福建、辽宁、山东、安徽、河北和湖北分公司（2000年）；中国电信是上海、浙江和福建分公司（2002年）；中国网通是北京、天津、河北、河南、山东和辽宁分公司（2004年）。

中国移动海外上市的过程中，利润最好的浙江和广东分公司最先上市。[①]
同样，中国联通分公司建立，以及南北拆分后中国电信和网通在彼此领域
成立分公司时，也是从沿海发达省份开始的。因此，这种颠倒的因果关系
可能意味着改革变量是内生的，也就是说，HHI_{it} 和 $SOequity_{it}$ 与 $\mu_i + \varepsilon_{it}$ 之
间可能相关。

为此，本书利用组内估计（Within Estimation）来消除各省的个体差
异 μ_i 所造成的影响。但是对于 COV（HHI_{it}，ε_{it}）$\neq 0$ 或者 COV（$SOequ$-
ity_{it}，ε_{it}）$\neq 0$，我们无法用这种方法来消除，因此，本书考虑利用工具变
量（IV）来解决这个问题。电信改革是在中央政府的统一决策下进行的，
那么，某一省份改革进展程度可能与其相邻省份或其余 30 个省份相关，
而不是地方政府相互模仿推进改革的结果，因此，相邻省或其余 30 个省
的改革变量对于该省来说是外生的，即与该省的异常波动 ε_{it} 无关，因此，
本书选择与某省最靠近的五个省份[②]，和其余 30 省的 HHI_{it} 和 $SOequity_{it}$ 平
均值，作为该省竞争和产权的工具变量。其中，竞争和产权改革变量是否
存在内生性问题？本书将利用戴维森—麦金农检验（Davidson – MacKin-
non Test）[③] 来检验，它近似于豪斯曼检验（Hausman Test），拒绝原假设
说明内生问题存在。

表 5 - 2　　　　我国各省（直辖市、自治区）最近相邻的五个省份

省份	与其距离靠近的五个省份				
北京	河北	天津	内蒙古	辽宁	山西
天津	河北	北京	内蒙古	辽宁	山西
河北	北京	天津	内蒙古	山东	山西
山西	河北	河南	内蒙古	陕西	北京

---

① 绩效优秀的省分公司上市后，更能吸引海外投资者，募集更多的资金，1997 年广东和浙
江移动分公司上市后，在亚洲金融危机的背景下，募集了 42 亿美元，大约相当于其自身资产的
两倍，促进了两省移动业务的发展。

② 最近五省的选择是根据中国地图的相对地理位置（见表 5 - 2）。

③ Davidson, R. and MacKinnon, J. , *Estimation and Inference in Econometrics* ［M］. New York：
Oxford University Press, 1993.

省份	与其距离靠近的五个省份				
内蒙古	河北	山西	辽宁	宁夏	陕西
辽宁	吉林	河北	内蒙古	黑龙江	北京
吉林	辽宁	河北	内蒙古	黑龙江	天津
黑龙江	辽宁	河北	内蒙古	北京	天津
上海	江苏	浙江	山东	安徽	江西
江苏	上海	浙江	山东	安徽	河南
浙江	上海	福建	江西	安徽	上海
安徽	江苏	浙江	河南	江西	湖北
福建	浙江	江西	广东	江苏	安徽
江西	安徽	浙江	湖北	湖南	福建
山东	河北	江苏	河南	安徽	天津
河南	山东	河北	山西	湖北	安徽
湖北	湖南	安徽	江西	陕西	河南
湖南	湖北	贵州	广西	江西	四川
广东	福建	广西	湖南	江西	海南
广西	广东	海南	云南	贵州	湖南
海南	广东	广西	云南	福建	湖南
重庆	四川	湖北	湖南	贵州	陕西
四川	重庆	湖北	陕西	云南	甘肃
贵州	四川	云南	广西	湖南	重庆
云南	广西	贵州	四川	西藏	重庆
西藏	四川	青海	新疆	云南	甘肃
陕西	甘肃	山西	湖北	内蒙古	四川
甘肃	陕西	宁夏	青海	四川	内蒙古
青海	甘肃	宁夏	四川	西藏	新疆
宁夏	内蒙古	青海	新疆	甘肃	陕西
新疆	西藏	青海	宁夏	内蒙古	甘肃

三 市场竞争和产权改革对总体绩效的影响

本书首先利用模型（5-16）和（5-17）估计了竞争与产权对电话用户月均收入、每百人电话用户数量和电话通话时长的影响，结果分别列于表5-3中。豪斯曼检验结果验证了固定效应要比随机效应模型更有效，而且，在双向固定效应 IV 模型中，一阶段回归中，F 检验结果显著拒绝了弱工具变量问题（P 值 < 0.01），由于篇幅所限并未列出。在对每百人电话用户数量的回归中，戴维森—麦金农检验显著拒绝了改革变量外生性原假设，说明存在着内生性问题，但是，其他绩效指标难以拒绝外生性原假设。[①] 将双向固定效应 FE 与 FE-IV 结果对比，其显著性和回归系数方向基本一致。回归结果提供了以下三个重要结论：

第一，电信竞争对产业绩效具有显著的正向效应。电信部门打破垄断后，随着市场集中度（HHI）下降，电信部门服务价格也下降，并且电信需求不断增加。从表5-3中可以看出，竞争使得电信部门服务价格下降了49.8%，电话用户普及率提高了87.9%，通话量也增长了92.7%。而且，因为市场集中度的变化相对于电信需求是外生的，所以也可以计算出这期间电话及其通话量的需求弹性分别为 -1.765 和 -1.861。总之，竞争对于电信部门总体绩效的改善起到了重要作用。这个结论一方面说明，引入竞争机制并没有破坏规模经济性，进一步说明电信部门已经失去了明显的自然垄断特征；另一方面也说明，虽然同属于一个国有股东，国有电信企业之间也可以实现竞争。这一结论为实现电信部门有效竞争、破除目前"一家独大"的市场结构失衡格局提供了实证支持。

第二，产权改革对产业绩效的影响并不具有显著性。电信部门上市产权改革中，随着国有股权比例的持续减少，尽管提高了电话用户的普及率和通话量，但是并未对电信部门绩效产生显著的影响，因此，难以接受我们的研究假设，这看起来似乎与产权的观点不太一致，但却与一些有关发展中国家的电信部门实证文献相符。[②] 可能有两个原因，一是，在研究期间（1998—2007 年）内这种关系比较微弱，由于电信企业上市前后进行

---

① 说明电话用户普及率指标，更容易被政府改革者作为产业预期绩效，而其他两个指标不显著。

② 可参见 Bortolottietal[97] 和沃尔斯登[43] 等的实证结果。

了一系列"瘦身运动"——主辅分离、主副分营，等等，形成了高昂的改革代价，因此，产权改革在短期内难以发挥其作用；二是，不同电信企业海外上市产权改革效果存在着较大差异，抵消了产权改革的整体效果。在接下来的细分市场分析中，我们验证了不同业务领域的产权改革效果确实不同。

表 5 - 3　　　　市场竞争和产权改革对电信产业总体绩效的影响

	ln（电话 ARPU）		ln（每百人电话用户数量）		ln（电话通话时长）	
	FE	FE - IV	FE	FE - IV	FE	FE - IV
	(1)	(2)	(3)	(4)	(5)	(6)
产业集中度	0.498	0.999	- 0.879	- 1.347	- 0.927	- 1.625
	(0.331) *	(0.564) *	(0.321)**	(0.616)**	(0.396)**	(0.677)**
国有股权比例	- 0.029	- 0.048	- 0.185	- 0.175	- 0.256	- 0.23
	(0.131)	(0.133)	(0.127)	(0.318)	(0.157)	(0.160)
人均 GDP	0.044	0.072	0.688	0.216	0.503	0.463
	(0.105)	(0.109)	(0.102)***	(0.253)***	(0.126)***	(0.131)***
15—64 岁人口比例	- 0.325	- 0.287	0.211	0.387	0.555	0.502
	(0.341)	(0.345)	(0.332)	(0.776)	(0.409)	(0.414)
城镇化	- 0.148	- 0.163	0.25	0.198	0.271	0.292
	(0.143)	(0.145)	(0.139)***	(0.050)***	(0.172) *	(0.174) *
观察值	310	310	310	310	310	310
R - sq	0.81	0.81	0.97	0.97	0.97	0.97
戴维森—麦金农检验		1.862		3.739**		0.853
市场竞争与产权改革（包含相互作用）对电信产业总体绩效的影响						
产业集中度	0.449	0.937	- 0.302	- 0.483	- 0.268	- 0.129
	(0.327)	(0.654)	(0.311)	(0.387)	(0.147)	(0.451)
国有股权比例	0.001	0.03	- 0.247	- 0.314	- 0.327	- 0.358
	(0.130)	(0.304)	(0.117)**	(1.279)**	(0.389)**	(0.149)**

注：1. ***、**、*分别表示在1%、5%和10%统计水平上显著；2. 所有回归中均包含了常数项和年度虚拟变量，为节省空间，此处均未列出；3. 表中括号内为稳健标准差。

第三，竞争强化了产权改革的效果，但产权改革弱化了市场竞争的效果。根据模型（5 - 17）的估算结果，在公式 $\beta_2 + \beta_3 \times HHI$ 中，代入 HHI 的均值后，我们得到产权对产业绩效的边际影响均值，与不包含竞争对产

权影响的 *SOequity* 系数相比要大，而且，受竞争因素的影响，产权改革甚至显著提高了电话用户普及率和通话量，这说明，民营产权不足以改善企业治理结构，而是市场竞争弥补了民营产权的不足。同样，在公式 $\beta_1 + \beta_3 \times SOequity$ 中，代入 *SOquity* 的均值后，与不包含产权对竞争影响的 *HHI* 系数相比要小，而且，竞争对产业绩效的影响不再具有显著性，因此，我们认为民营产权会排斥市场竞争。可能的原因是电信企业国外上市后，民营产权看重电信部门的国家行政垄断利润，更倾向于追求短期利润最大化，最终抵消了市场竞争的效果①。

最后，移动和固定通信绩效提高不仅来自电信改革，也来自中国经济发展和城镇化过程。虽然经济发展或人均收入的增加，以及城市化的进程对电信价格影响不显著，但是，符合我们的预期，收入增长和城市化显著提高了电话用户的普及率和通话量。另外，人口结构对产业绩效影响并不显著。

四　市场竞争和产权改革对细分市场绩效的影响

电信部门细分市场主要包括移动通信和固定通信业务，两者具有不同的技术特征和自然垄断丧失程度，而且两种业务存在着相互竞争替代的关系。② 因此，电信部门不仅存在着同一业务竞争，也存在着异质业务竞争。在这一节中，我们分别讨论竞争和产权对这两种业务的影响。一是要弄清楚电信部门的竞争究竟表现为拆分改革所试图达到的同一业务竞争，还是表现为由于无线技术发展所带来的异质业务竞争，即同一和异质业务竞争对移动和固定业务绩效是否有显著影响；二是要弄清楚各个电信企业产权改革对移动和固定业务绩效影响是否存在差异。分析透这些问题，有助于深入探究市场竞争和产权改革对不同电信细分市场的影响，进而提出更具针对性的政策建议。

---

① 例如，当电信运营商首发和增发股票时，国外投资机构通过电信运营商要求电信监管部门对资费稳定等政策作出保证，否则以大量抛售股票或制造事件引起股市大幅动荡；当各个电信运营商通过低价格竞争吸引用户时，国外投资者又强烈要求电信运营商严格执行国家规定的资费标准，不能随便降价。这些充分暴露出民营产权更希望规避竞争获得垄断利润。

② 例如，小灵通（PHS）作为固定行业在移动领域的竞争延伸，在进入早期凭借固网的成本优势，以低廉的价格对移动行业造成了较大的冲击，但是，2003 年以后由于移动技术发展带来了成本下降，又逐渐对固定行业形成替代。

为深入研究细分市场电信改革绩效。一方面，我们利用电信部门总体市场集中度（HHI_{it}）来衡量移动和固定通信间的异质业务竞争，又分别利用移动和固定通信业务内部的市场集中度（$MobileHHI_{it}$ and $FixedHHI_{it}$）衡量同一业务内竞争，最后，根据异质和同一业务竞争程度作两次回归运算。另一方面，我们利用移动和固定通信企业的国有股权比例变化，分别来衡量不同业务领域的上市产权改革。[①] 表5-4、表5-5和表5-6分别提供了利用模型（5-16）对移动和固定通信业务的实证结果。通过对结果的分析，我们得到了以下的结论。

表5-4　　　　市场竞争和产权改革对移动通信业务绩效的影响

	ln（电话 ARPU）		ln（每百人电话数量）		ln（电话通话时长）	
	(1)	(2)	(3)	(4)	(5)	(6)
电信部门集中度	1. 381		-0. 983		-0. 727	
	(0. 531)***		(0. 337)***		(0. 377)***	
移动集中度		0. 437		-0. 200		-0. 639
		(0. 374)		(0. 286)		(0. 313)*
中国移动国有股权	0. 287	0. 288	-0. 215	-0. 293	-0. 225	-0. 27
	(0. 136)**	(0. 139)**	(0. 169)*	(0. 170)*	(0. 190)	(0. 186)
中国联通国有股权	-0. 167	-0. 105	-0. 24	-0. 272	0. 034	-0. 002
	(0. 144)	(0. 146)	(0. 188)	(0. 191)	(0. 211)	(0. 209)
人均 GDP	-0. 104	-0. 207	1. 259	1. 397	0. 757	0. 94
	(0. 169)	(0. 170)	(0. 195)***	(0. 197)***	(0. 218)***	(0. 215)***
15—64 岁人口比重	-0. 589	-0. 646	0. 299	0. 226	1. 05	1. 059
	(0. 544)	(0. 552)	(0. 681)	(0. 692)	(0. 763)	(0. 758)
城镇化	-0. 237	-0. 245	0. 186	0. 19	0. 261	0. 269
	(0. 228)	(0. 234)	(0. 048)***	(0. 049)***	(0. 054)***	(0. 053)***
观察值	310	310	310	310	310	310
R - sq	0. 82	0. 82	0. 97	0. 97	0. 98	0. 98

注：（1）***、**、*分别表示在1%、5%和10%统计水平上显著；（2）所有回归中均包含了常数项和年度虚拟变量，为节省空间，此处均未列出；（3）表中括号内为稳健标准差。

---

① 数据来源与第三部分相同，由于篇幅限制，在此没有列出移动和固定通信绩效指标，以及产业集中度 HHI 和国有股权比例等指标的描述性统计。

首先，异质业务竞争与移动通信绩效具有显著的正面效应，移动对固定存在着显著的竞争替代。电信部门异质业务竞争在1%显著水平上与移动电话用户月均收入显著负相关，与每百人拥有移动电话数量和通话时长显著正相关，但是，与每百人固定电话数量显著负相关，另外，虽不显著，但也与固话通话时长负相关，① 而且，随着竞争加剧，本地电话ARPU要比移动电话下降程度更大。这个结果说明，异质业务竞争使得移动对固定通信的收入空间和用户资源产生了挤压，导致用户和收入进一步向中国移动集中，因此，移动对固定业务确实存在着明显的替代关系。我们的实证结果基本与现实相符。

表5-5　　　市场竞争和产权改革对固定通信价格的影响

	ln（长途电话 ARPU）		ln（本地电话 ARPU）	
	(1)	(2)	(3)	(4)
电信部门市场集中度	-0.427 (0.625)		1.922 (0.458)***	
固定通信市场集中度		0.047 (0.299)		0.609 (0.254)*
中国电信国有股权比例	-0.999 (0.330)***	-0.842 (0.416)**	0.018 (0.242)	-0.091 (0.353)
中国网通国有股权比例	-1.019 (0.222)***	-0.908 (0.309)***	-0.877 (0.163)***	-0.872 (0.262)***
人均 GDP	0.241 (0.193)	0.853 (0.171)	0.027 (0.142)	1.01 (0.145)
15—64 岁人口比重	-0.794 (0.634)	-2.027 (0.619)*	-0.546 (0.465)	0.569 (0.526)
城镇化	-0.275 (0.268)	-0.02 (0.039)	-0.134 (0.197)**	-0.144 (0.033)***
观察值 R-sq	310 0.64	310 0.64	310 0.82	310 0.81

注：(1)***、**、*分别表示在1%、5%和10%统计水平上显著；(2) 所有回归中均包含了常数项和年度虚拟变量，为节省空间，此处均未列出；3. 表中括号内为稳健标准差。

① 移动通话量与固话通话量之间不仅存在着替代关系，也存在着补充关系，因此，效果不如对电话用户普及率替代影响那么显著。

表5-6　　　　市场竞争和产权改革对固定电话普及率和通话量的影响

	ln（每百人电话数量）		ln（电话通话时长）	
	（1）	（2）	（3）	（4）
电信部门市场集中度	0.846		-0.028	
	(0.238)***		(0.186)	
固定通信市场集中度		-0.109		0.228
		(0.212)		(0.161)
中国电信国有股权比例	0.716	0.666	0.394	0.4
	(0.276)**	(0.282)**	(0.215)*	(0.214)*
中国网通国有股权比例	1.203	1.264	0.786	0.754*
	(0.200)***	(0.206)***	(0.156)**	(0.156)***
人均GDP	0.219	0.121	0.397	0.406
	(0.139)	(0.139)	(0.108)***	(0.106)***
15—64岁人口比重	0.466	0.65	1.092	1.024
	(0.497)	(0.511)	(0.388)***	(0.387)***
城镇化	0.167	0.167	0.04	0.039
	(0.034)***	(0.035)***	(0.027)	(0.027)
观察值 R-sq	·310	310	310	310
	0.95	0.95	0.97	0.97

　　注：（1）***、**、*分别表示在1%、5%和10%统计水平上显著；（2）所有回归中均包含了常数项和年度虚拟变量，为节省空间，此处均未列出；（3）表中括号内为稳健标准差。

　　其次，移动和固定通信同一业务领域内竞争与其自身绩效之间的影响并不显著。尽管移动之间的竞争提高了移动通话量，但是显著水平较低，而且，移动竞争对移动价格和用户普及率的影响并不显著。同样，固定之间的竞争虽然降低了本地电话价格，但是对长途价格、固定用户普及率和通话量的影响不显著。这说明，电信部门完全背离了两次拆分改革——实现同一业务内有效竞争的改革初衷。那么，为何分业竞争效果不理想呢？对于移动通信来说，中国联通进入移动市场前，中国移动已经垄断了市场，进入市场后不久，2002年中国联通又投入了巨资开展CDMA业务，但并没有取得良好效果。结果，中国联通在网络规模、资金实力、客户服务等方面都落后于移动，因此，无法与中国移动展开有效竞争，移动市场并不是严格意义上的"双寡头垄断"。对于固定通信来说，2002年南北拆分后，中国电信和网通彼此进入，尽管略微降低了长途电话的价格，但是，对于其他绩效指标的作用并不显著，可能的解释是，固定网络依然属于强自然垄断行业，再加上两家固定电信企业通过制造互联互通障碍，阻挠对方企业在自己领地竞争，最终双方都难以在对方领地展开竞争，不得不在 2007 年年初双方签订了《电信网通互不竞争协议》，为拆分后的竞争时代画上了句号，实质上又退回到各自垄断的改革起点。

最后，移动通信企业海外上市产权改革效果好于固定通信企业。中国移动海外上市产权改革对降低移动电话 ARPU 和提高每百人移动电话数量具有显著的正向效应，而联通海内外上市对移动通信绩效影响并不显著；对于固定通信来说，中国电信和网通海外上市产权改革与固定通信绩效呈现出显著的负效应。综合来看，由于不同业务产权改革作用的相互抵消，得出与前面结论基本一致的观点——产权改革对产业绩效改善作用并不大。不过，移动通信产权改革效果要好于固定通信企业。固定电信企业产权改革负效应形成可能有两方面原因：一方面，电信拆分上市过程中，固定电信企业比移动企业承担了更多的债务、员工和企业遗留问题；另一方面，固定电信企业产权改革（改制）付出了较大的代价。由于固定网络比较成熟，又面临着萎缩风险，固定电信企业海外上市过程中股票并不被国外投资者看好，因此，其上市过程有国有资产流失迹象，比如，中国电信海外上市时，股票发行价格甚至低于国有资产实际价值，而中国网通为顺利上市，股票的派息率高达 35%—40%。另外，固定网络建设基本完成，募集资金大量投到小灵通业务中，难以发挥良好的投资效果，反而增加了资金使用成本。

五 实证结果的可靠性检验

以上结果虽然通过内生性问题的解决，可以增加结论的可靠性。但是，对于两个核心改革变量来说，利用赫芬达尔指数和国有股权比例来衡量市场竞争和产权改革，可能会产生这两个指标难以代表这两个改革变量的质疑，因此，本书将进一步利用其他变量来替代赫芬达尔指数和国有股权比例来衡量市场竞争和产权改革，以增加实证结论的可靠性。

（一）对总体产业实证结果的可靠性检验

本书一方面利用各省电信企业数量作为替代变量［取代模型（5 - 16）中的 HHI_{it}］来衡量电信部门竞争的程度，之所以利用该变量，是因为电信部门引入和拆分电信企业的过程，是企业数量变化的过程，同时也是竞争加强的过程。另一方面在电信企业海外上市过程中，各省级分公司上市进程并不相同，而且电信上市过程也是企业产权改革的过程，因此，我们选择海外上市企业数量作为替代变量［取代模型（5-16）中的 $SO\text{-}equity_{it}$］来衡量产权改革。

我们将两个替代变量代入模型（5-16）中，回归结果列于表5-7中。结果显示，随着电信企业数量增加，竞争显著降低了电信部门服务价格，同时显著提高了电话普及率和通话量，这与产业集中度的结论基本一致。同样，利用海外上市企业数量作为产权改革的衡量变量后，与我们所得到的关键结论也保持了一致：产权改革对电信部门绩效影响并不显著。这表明，我们所得出的重要结论是相当稳健的。

表5-7　　　　　　　电信产业总体绩效稳健性检验计算结果

	ln（电话 ARPU）	ln（每百人电话数量）	ln（电话通话时长）
	FE	FE	FE
	（1）	（2）	（3）
电信企业数量	-0.048 (0.021)**	0.08 (0.028)***	0.033 (0.029)**
电信企业上市数量	-0.025 (0.010)	0.015 (0.018)	0.029 (0.014)*
人均 GDP	0.053 (0.101)	0.361 (0.129)***	0.633 (0.119)***
15—64 岁人口比例	-0.35 (0.332)	-0.543 (0.464)	0.906 (0.422)
城镇化	-0.11 (0.139)	0.113 (0.029)***	0.122 (0.030)**
观察值 R - sq	310 0.82	310 0.98	310 0.98

注：（1）***、**、*分别表示在1%、5%和10%统计水平上显著；（2）所有回归中均包含了常数项和年度虚拟变量，为节省空间，此处均未列出；（3）表中括号内为稳健标准差。

（二）对移动和固定通信实证结果的可靠性检验

同样，为了增强结论的稳健性，我们以各省电信企业数量作为代理变

量来衡量异质业务竞争，又以中国移动是否拆分出来作为年度虚拟变量来
衡量移动通信的同一业务竞争，以固网拆分后是否彼此进入作为虚拟变量
来衡量固定通信的同一业务竞争。另外，以各省移动和固定电信企业上市
数量作为代理变量，分别来衡量移动和固定通信的产权改革。利用模型
（5-16）的回归结果列于表5-8、表5-9和表5-10中，结果显示，尽
管在显著性程度上个别变量有细微差别，但是实证结果与前面的主要结论
基本相符。

表5-8　　　　　　　　　移动通信绩效影响的稳健性检验结果

	ln（移动电话ARPU）		ln（每百人电话数量）		ln（电话通话时长）	
	（1）	（2）	（3）	（4）	（5）	（6）
企业数量	-0.017		0.040		0.086	
	(0.045)*		(0.047)**		(0.052)*	
纵向拆分虚拟变量		0.152		0.065		0.198
		(0.142)		(0.149)		(0.165)
移动企业上市数量	-0.019	-0.021	0.065	0.066	0.038	0.042
	(0.024)	(0.023)	(0.025)***	(0.025)***	(0.027)	(0.027)
人均GDP	-0.267	-0.275	1.374	1.359	0.841	0.805
	(0.184)	(0.184)	(0.193)***	(0.193)***	(0.213)***	(0.214)***
15—64岁人口比重	-0.356	-0.522	0.231	0.173	0.909	0.723
	(0.652)	(0.668)	(0.684)	(0.702)	(0.755)	(0.777)
城镇化	0.0002	0.002	0.193	0.189	0.276	0.269
	(0.046)	(0.046)	(0.049)***	(0.048)***	(0.054)***	(0.054)***
观察值	310	310	310	310	310	310
R-sq	0.81	0.81	0.97	0.97	0.98	0.98

注：（1）***、**、*分别表示在1%、5%和10%统计水平上显著；（2）所有回归中均包含
了常数项和年度虚拟变量，为节省空间，此处均未列出；（3）表中括号内为稳健标准差。

六　研究结果讨论

本书运用1998—2007年中国省际面板数据，考察了市场竞争与产权
改革对产业绩效的影响。本书有三个基本结论：一是竞争比产权改革更能
提高产业绩效：市场竞争对产业绩效具有显著正效应，而产权改革的影响

并不显著。这与 Wallsten 等[①]文献的结论基本一致，但不同于 Ros 等[②]的结论。二是竞争与产权改革之间并不存在相互补充的关系：竞争强化了产权改革的效果，而产权改革弱化了市场竞争的效果。三是电信部门的竞争主要表现为移动对固定的异质业务替代竞争，而同一业务内竞争绩效并不显著。本书最后还发现，中国电信部门发展"奇迹"不仅得益于电信改革，也得益于中国经济高速发展和城市化进程。

中国电信部门先拆分引入竞争，然后进行海外上市产权改革的渐进式电信市场化转型，与南非、俄罗斯等发展中国家过快民营化产权改革相比，在改革初期的道路（竞争与产权顺序问题）选择上表现出显著的优越性。但是，从我们的实证结论来看，中国电信改革并不是毫无瑕疵、无可挑剔的，非但如此，无论是拆分改革还是海外上市产权改革，都或多或少存在着一些问题，并且难以实现改革的理想初衷。

一方面，电信部门竞争主要表现为异质业务之间的替代竞争，背离了两次拆分实现分业竞争下同一业务内有效竞争的改革初衷。从两次拆分来看，第一次纵向拆分是为了实现移动有效竞争，第二次横向拆分是为了实现固网有效竞争，但是，实证结果得出同一业务内的竞争绩效并不显著，因此，两次拆分并没有实现改革初衷。然而，令改革者所始料未及的是，同业竞争效果没有达到，反而是拆分后所形成的异质业务竞争，显著提高了移动电信部门绩效，但这种绩效是在对固定业务替代基础上形成的，这意味着电信部门内的"一荣一损"。最终，固网业务不断萎缩，中国移动"一家独大"，整个电信市场结构处于失效的边缘。我们分析认为，出现以上问题的可能根源之一是改革者过于倚重于拆分改革，却没有及时把握住世界电信技术和全业务竞争的发展趋势。尤其是世界固网已经走向了"下坡路"，南北拆分之时，全球移动电话用户数量就已超过固定用户数量，发达国家移动对固定电话呈现出明显的替代趋势。这时中国也开始呈现出移动对固定的替代趋势，却进行了固网横向拆分。多少有些遗憾的

---

①　张宇燕：《国家放松管制的博弈——以中国联合通讯有限公司的创建为例》，《经济研究》1995 年第 6 期。

②　Ros, A. J., Does Ownership or Competition Matter? The Effect of Telecommunicaitons Reform on Network Expansion and Efficency［J］. *Journal of Regulatory Economics*, 1999（15）：65 – 92.

是，拆分后中国电信与网通迟迟得不到移动牌照，错过了借助移动电话迅速普及进行电信市场结构调整的最佳时期，加大了深化改革的难度。

表 5 - 9　　　　　　　固定通信价格影响的稳健性检验计算结果

	ln（长途电话 ARPU）		ln（本地电话 ARPU）	
	（1）	（2）	（3）	（4）
企业数量	- 0. 103 (0. 040)**		- 0. 075 (0. 032)**	
固网拆分后对方是否进入		- 0. 048 (0. 028)*		- 0. 009 (0. 023)
固定企业上市数量	0. 06 (0. 043)	0. 055 (0. 043)	0. 057 (0. 034)*	0. 056 (0. 035)
人均 GDP	0. 324 (0. 195)*	0. 329 (0. 197)*	- 0. 075 (0. 156)	- 0. 076 (0. 158)
15—64 岁人口比重	- 0. 703 (0. 643)	- 0. 756 (0. 649)	- 0. 164 (0. 514)	- 0. 221 (0. 522)
城镇化	- 0. 373 (0. 270)	- 0. 415 (0. 273)	- 0. 374 (0. 216)*	- 0. 387 (0. 219)*
观察值 R - sq	310 0. 61	310 0. 6	310 0. 77	310 0. 76

注：（1）***、**、*分别表示在 1% 、5% 和 10% 统计水平上显著；（2）所有回归中均包含了常数项和年度虚拟变量，为节省空间，此处均未列出；（3）表中括号内为稳健标准差。

另一方面，海外上市并不是解决电信企业产权问题普遍适用的"良药"，而且，这种产权改革方式非但未能强化企业之间的竞争，反而会蜕变为对垄断的维持。首先应该肯定中国移动在海外上市产权改革上的成功，但是，其成功是有其环境和技术背景的，而对于固定通信企业来说，海外上市或许仅仅是包裹了一层极富现代企业制度和国际化色彩的绚烂外壳，脱去外壳是沉重的改革代价，因此，企业产权改革（改制）有多种途径，对于不同企业所处的市场环境要区别对待。另外，在电信部门处于国家行政垄断的情况下，收入型民营产权更倾向于规避竞争来谋取垄断租金，难以达到企业改制的真正目的。

表 5 - 10　　　　固定电话普及率和通话量影响的稳健性检验计算结果

	ln（每百人电话数量）		ln（电话通话时长）	
	（1）	（2）	（3）	（4）
企业数量	- 0.024 （0.037）		- 0.009 （0.027）	
固网拆分后对方是否进入		0.022 （0.028）		0.003 （0.021）
固定企业上市数量	- 0.013 （0.042）	- 0.01 （0.042）	- 0.023 （0.031）	- 0.023 （0.031）
人均 GDP	0.053 （0.151）	0.052 （0.151）	0.347 （0.112）***	0.35 （0.112）***
15—64 岁人口比重	0.431 （0.536）	0.432 （0.535）	0.957 （0.398）**	0.955 （0.398）**
城镇化	0.174 （0.038）***	0.173 （0.038）***	0.042 （0.028）	0.043 （0.028）
观察值 R - sq	310 0.93	310 0.93	310 0.96	310 0.96

　　注：（1）***、**、* 分别表示在 1%、5% 和 10% 统计水平上显著；（2）所有回归中均包含了常数项和年度虚拟变量，为节省空间，此处均未列出；（3）表中括号内为稳健标准差。

第三节　配套管制政策变化对产业绩效影响的实证研究

　　前文，我们考虑了市场竞争和产权改革两个核心变量对产业绩效的影响，考虑到管制政策变量在衡量上存在着一定的困难，在模型设计上不能利用双固定效应方法难以有效测度管制政策的影响①，因此，本部分将重新设计模型着重估计在电信部门放松管制改革的过程中配套管制政策的变化对产业绩效的影响。其中，如何选择可行的替代变量来捕捉配套管制政

---

　　① 尽管没有估算，但是由于采用了双固定效应估算方法，因此，时间固定效应可以剔除管制政策变化的影响。

策的变化，是研究该问题的一个重要起点。从以往研究世界电信放松管制改革的文献来看，一般利用"该国家是否建立独立性管制"这一年度虚拟变量来衡量管制制度的变化①。然而，我国电信部门管制改革是一个比较复杂的过程，不仅没有建立完全独立于政府的规制监管机构，还没有形成赋予规制机构明确法律地位的《电信法》。而且，国内出版关于电信部门规制的资料比较少，这对我们寻找合适的数据衡量规制改革造成了一定的困难。通过第三章可知，我国管制改革有两件大事：一是 2000 年 9 月国务院颁布电信管制条例（《中华人民共和国电信条例》）；二是 2001 年 11 月我国加入世界贸易组织。这两次改革对我国电信部门有深刻的影响，前者保证了电信部门政企分开，政府逐步放开电信资费，最终实现了电信资费上限管理。后者从外部保证了我国政府必须按照世界贸易组织管制要求变革。因此，本书将以这两次变革为基点来构建电信管制指标，分别将其影响赋值为 0.5②，建立基于时间变化的综合虚拟变量，来衡量我国配套管制政策的变化。最后，利用 1998—2007 年我国各省、市和自治区电信部门和宏观经济数据来估计配套管制政策的变化对产业绩效的影响。

一　实证模型设计

为了估计 1998—2007 年我国电信部门配套管制政策变化对产业绩效的影响，本书基于结构—行为—绩效分析框架的思想，并借鉴了沃尔斯登、芬克等的模型③，来验证在第四章所提出来的研究假设。首先，市场竞争和产权改革变量也加入到模型中，以控制这些政策变化的影响。其次，绩效变量和宏观经济控制变量与模型（4.2）中保持一致。最后，利用时间趋势变量来捕捉电信技术发展对产业绩效的影响。基本模型如下：

$$\ln Y_{it} = \alpha_0 + \beta_1(Reg_{it}) + \beta_2(Comp_{it}) + \beta_3(Own_{it}) + \theta(X_{it}) + \delta Year + \mu_i + \varepsilon_{it} \quad (5-18)$$

在模型中，Y_{it} 是被解释变量，分别为电话 ARPU、普及率和通话量这三个绩效指标。被解释变量中，核心变量 Reg_{it} 是前面提到的综合虚拟变

①　Wallsten, S. J., An Econometric Analysis of Telecom Competition, Privatization, and Regulation in Africa and Latin America [J]. *The Journal of Industrial Economics*, 2001 (1): 1-19.

②　由于加入世界贸易组织在 2001 年年底，因此我们将其影响开始设定在 2002 年。

③　Wallsten, S. J., An Econometric Analysis of Telecom Competition, Privatization, and Regulation in Africa and Latin America [J]. *The Journal of Industrial Economics*, 2001 (1): 1-19.

量，用来衡量管制制度的变化。$Comp_{it}$ 和 Own_{it} 分别用来控制市场竞争和产权改革的影响，其中 $Comp_{it}$ 由电信部门的企业数量来衡量，Own_{it} 由上市企业的数量来衡量。X_{it} 表示其他的控制变量，包括人均 GDP、城市化和 15—64 岁人口比例，这些变量用来捕捉宏观经济变化对电信绩效的影响。近年来中国电信部门的快速发展，不仅是政府实行电信政策改革带来的变化，同时也是技术"跨越式"发展的结果[1]，因此，我们与芬克等和 Li 和 Xu 模型中利用 $Year$ 变量捕捉技术变化的处理一致，用 $Year$ 变量来捕捉技术变化对电信绩效的影响[2]。α_0 是常数项，μ_i 是没有观测到的个体效应，不同省份之间不同但是对于特定的省份随时间保持不变，ε_{it} 表示随机扰动项。

在电信部门放松管制改革过程中，配套管制政策可能与其他改革措施之间相互影响，因此，模型中需要考虑管制与竞争和产权之间的交互作用对产业绩效的改善作用。因此，本书将探究这种交互影响，设计模型如下：

$$\ln Y_{it} = \alpha_0 + \beta_1(Comp_{it}) + \beta_2(Own_{it}) + \beta_3(Reg_{it}) + \beta_4(Reg_{it} \times Comp_{it}) + \beta_5(Reg_{it} \times Own_{it}) + \theta(X_{it}) + \delta Year + \mu_i + \varepsilon_{it} \qquad (5-19)$$

模型中，$Reg_{it} \times Comp_{it}$ 与 $Reg_{it} \times Own_{it}$ 分别表示配套管制政策与竞争和产权之间的交互项。其他项的含义与模型（5-18）保持一致。

二 实证结果分析

本书根据模型（5-18）估计了管制政策变化对电信部门的电话服务价格、电话普及率和通话量的影响，结果列于表 5-11 中的第（1）、（3）和（5）栏。而且，本书还利用模型（5-19）估计了配套管制政策与竞争和产权之间的交互作用对以上三个绩效指标的影响，结果列于表 5-11 中的第（2）、（4）和（6）栏。其中，豪斯曼检验结果验证了固定效应要比随机效应模型更有效。另外，在固定效应模型中，对于扰动项 $\{\varepsilon_{it}: t = 1, \cdots, T\}$，出现任何异方差或系列相关问题，只要 T 相对 N 小，那

---

① Dai, X. D. , *The Digital Revolution and Governance* [M] . Ashgate：Aldershot, 2000.

② 韩永军：《危中谋变、化危为机——电信部门业务收入增长低于 GDP 增长思考》，《人民邮电报》2009 年 8 月 13 日。

么稳健方差矩阵估计值是合理的①，因此，在估计中采取了稳健性标准差。根据表 5 - 11 中的结果，本书主要得到了以下结论。

表 5 - 11　配套管制及其与竞争、产权交互作用对产业绩效的影响估算

	ln （ARPU）		ln （Popul）		ln （Volume）	
	（1）	（2）	（3）	（4）	（5）	（6）
Reg	- 0. 205	- 0. 186	0. 496	1. 077	0. 238	0. 606
	（0. 041）***	（0. 098）*	（0. 049）***	（0. 108）***	（0. 059）***	（0. 125）***
Comp	- 0. 041	- 0. 041	0. 171	0. 258	0. 157	0. 2
	（0. 017）**	（0. 023）*	（0. 021）***	（0. 025）***	（0. 025）***	（0. 029）***
Own	- 0. 019	0. 016	0. 015	0. 068	- 0. 022	0. 159
	（0. 012）	（0. 027）	（0. 014）	（0. 030）**	（0. 017）	（0. 035）***
Reg × Comp		- 0. 002		- 0. 17		- 0. 092
		（0. 028）		（0. 031）***		（0. 036）**
Reg × Own		- 0. 041		- 0. 04		- 0. 205
		（0. 032）		（0. 035）		（0. 040）***
Ln （GDPC）	0. 057	0. 075	0. 496	0. 658	0. 427	0. 588
	（0. 111）	（0. 112）	（0. 133）***	（0. 123）***	（0. 158）***	（0. 144）***
Ln （Poprate）	- 0. 274	- 0. 331	0. 036	- 0. 439	0. 722	0. 234
	（0. 373）	（0. 377）	（0. 450）	（0. 414）	（0. 533）	（0. 482）
Ln （Urban）	- 0. 042	- 0. 043	0. 141	0. 131	0. 128	0. 118
	（0. 029）	（0. 029）	（0. 035）***	（0. 032）***	（0. 041）***	（0. 037）***
Year	- 0. 039	- 0. 036	0. 103	0. 11	0. 185	0. 202
	（0. 007）***	（0. 007）***	（0. 009）***	（0. 008）***	（0. 010）***	（0. 010）***
Obs	310	310	310	310	310	310
Id	31	31	31	31	31	31
R - sq	0. 87	0. 87	0. 97	0. 98	0. 97	0. 98

注：（1）***、**、*分别表示在1%、5%和10%统计水平上显著；（2）所有回归中均包含了常数项，为节省空间，此处均未列出；（3）表中括号内为稳健标准差。

（一）我国电信部门管制政策变化显著提高了产业绩效

从实证结果来看，无论是考虑管制与其他政策措施的交互作用与否，

---

① Wooldridge, M. J., *Econometric Analysis of Cross Section and Panel Data* ［M］. Cambridge：The MIT Press, 2002.

管制政策变化与电话用户月均收入显著负相关，而与每百人拥有电话数量和电话通话时长显著正相关，这符合管制理论的假设。表 5 – 11 中第（1）、（3）和（5）栏的结果也说明，我国电信部门在放松管制改革中，由于《电信条例》实施，以及我国执行世界贸易组织的电信管制政策，使得电话服务价格下降了 20.5%，同时，电话普及率和通话量也分别提高了 49.6% 和 23.8%。可能的解释是，我国电信部门在《电信条例》实施后，逐步放松了完全由国家控制的价格管制。而且，在加入世界贸易组织前后的压力下，无论固定电话的装机费，还是移动电话的入网费都加大下降力度，这大大促进了固定和移动电话的普及率，提高了通话业务量。

（二）配套管制政策变化并不能对市场竞争和产权改革起到补充作用

管制分别与竞争、产权的交互作用对电话 ARPU 呈现出负相关关系，但是其影响并不显著。然而，与理论假设不符，管制和两项改革措施之间的交互作用，显著与每百人电话普及率和电话通话时长负相关。可以认为，其交互作用并不是相互补充关系，而是相互排斥的关系。

一方面，管制理论认为管制对竞争的补充作用主要表现在互联互通管制，即管制措施能够保证新进入者可以接入在位的主运营商，并与其开展竞争[1]。但是，从我国电信部门的管制现状来看，我国在电信企业实现互联互通上存在着以下管制不足：一是网络间互联互通的管制不严格；二是电信产业发展和监管的法律体系相对滞后；三是政监合一的体制使电信监管体制缺乏应有的独立性，而且，电信监管还带有较强的行政管理色彩。例如，主导电信运营企业在与新兴电信运营企业的网间互联、费用结算及争端解决等问题上还存在着很大矛盾，难以利用现有法律、规章和政策进行调整。违反法律，不顾国家利益和不顾用户利益的阻碍网间互联互通的行为时有发生，甚至越来越多、越来越严重[2]。我国电信南北纵向拆分后，南方中国电信与北方中国网通实现南北相互进入，而双方互相阻挠对方的进入，互联互通管制难以发挥作用，造成了大量的重复性建设。因

---

① Laffont, J. J. , Rey, P. and Tirole, J. , Network Competition: Overview and Nondiscriminatory Pricing [J] . *Rand Journal of Economics*, 1998（29）: 1 – 37.

② 刘戒骄、梁峰：《"十一五"期间我国电信监管改革的方向与内容》，《中国工业经济》2005 年第 12 期。

此，尽管我国颁布了《电信条例》，但是，由于在互联互通管制政策上的不足，使得电信部门市场竞争的效果难以发挥作用，最终影响了我国电信产业绩效的提高。

另一方面，理论上认为，管制制度可以保证民营化投资的安全性，进而激励民营投资者在电信领域投资的积极性，而且，多数的实证文献认为在电信部门民营化改革之前，建立一个科学的管制体制是明智之举。从我国电信部门民营化改革来看，我国电信部门民营化不是实现控制权的转移，而是通过发行股票减少国有股权的收益型民营化。电信企业在海外上市后，尽管保持着国有控股，但是这些企业平均有 30% 左右的民营化股份，民营股份的最大目标是实现利润最大化，因此，为了实现国有资产的增值保值目标，这些企业将其在海外股票市场上的表现作为经营绩效的晴雨表，难以将实现社会福利最大化作为企业的目标。在利润等经营绩效的驱动下，国有在位主电信运营商更倾向于阻挠新进入者的竞争，追求垄断租金。而我国电信部门在互联互通管制方面的不足，一定程度上也助长了国有电信企业的追求垄断的动机。例如，拥有网络优势的运营商排挤其他运营商，各运营企业不能充分利用彼此网络，部分干线传输线路重复建设严重，甚至出现了移动通信"双塔并立"、光缆线路同路由并行等问题[1]。因此，配套管制政策的变化也难以对产权改革产生补充作用。

（三）电信技术发展显著提高了产业绩效

从表 5 - 11 结果中可以看出，电信技术发展与电话 ARPU 显著负相关，与每百人拥有电话数量和电话通话时长显著正相关。在 1998—2007 年期间，电信技术发展使得电话服务价格降低了 3.9%，并且促使电话普及率和通话量分别提高了 10.3% 和 18.5%。这正如 Dai、Mu 和 Lee 的研究结论，即中国电信部门近年来的快速发展，不仅是政府实行改革政策的结果，而且是技术"跨越式"发展的结果[2]。Dai 指出中国电信部门跨越

---

① 王俊豪、周小梅：《中国自然垄断产业民营化改革与政府管制政策》，经济管理出版社 2003 年版。

② Dai, X. D., *The Digital Revolution and Governance* [M]. Ashgate：Aldershot, 2000.

铜线和虚拟技术阶段，迅速采用光纤光缆技术，促进了电信部门的高速发展①。而且，我国电信建成了"八纵八横"的长途传输光缆，及时采用了世界比较成熟的 GSM 移动技术，这些对于促进我国电信产业绩效的提升，起到了重要基础性作用。

（四）其他控制变量的影响基本上与前文的计算结果一致

与本章第二节一致，人均 GDP 增长和城镇化显著提高了电信部门的电话普及率和通话业务量，市场竞争显著降低了电话服务价格，也同时提高了电话普及率和通话业务量。对于产权改革变量来说，当不考虑交互作用影响时，产权改革对电信产业绩效影响并不显著，这也与第二节的结果基本一致。然而，当考虑交互作用影响时，产权改革自身对每百人电话拥有量和电话通话时长的影响变得显著。这说明，我国电信部门产权改革的负面影响可能来源于管制与产权之间的交互作用，而对于产权改革自身来说，对产业绩效的提高有一定的积极意义。

① Dai, X. D., ICT in China's Development Strategy: Implications for Spatial Development [J]. // Hughes C. R. and Wacker G. China and the Internet: Politics of the Digital Great Leap Forward, London: Routledge Curzon, 2003.

第六章 放松管制改革、全要素生产率与电信增长来源

本章主要从放松管制改革对电信部门全要素生产率影响视角出发，进而分析不同放松管制时期电信部门增长的源泉。因此，本章衡量电信改革绩效偏重于改革对电信部门全要素生产率的影响，不同于前一章对电信部门一系列国际惯用产业绩效指标的衡量。另外，近年电信部门出现了 30 年来首次增速低于国民经济增速的现象，电信作为我国基础性先导产业，其增速下降必然影响我国整体国民经济的增长。因此，本章也试图解释电信部门低速增长之谜。

第一节 我国电信部门的增长困境

近年来，我国电信部门放松管制改革几乎停滞不前，而且出现了中国移动一家独大的现象，在移动业务领域，中国移动几乎完全控制了整个市场，竞争的态势难以存在。而且，电信部门出现了有史以来的低速增长，对国民经济的贡献呈现出下行趋势。以下内容将着重对我国电信部门的发展困境予以阐述和分析。

一 电信部门有史以来的低速增长

新中国成立初期，由于我国制定了优先发展重工业的经济战略，因此电信部门的发展并没有得到足够重视。从图 6-1 中可以看出，在 1978 年之前电信部门的发展基本上与国民经济发展保持同步，甚至某些时期电信部门业务收入增速低于 GDP 的增长。改革开放之后，邓小平等国家领导人提出了优先发展交通与通信业，并把电信部门作为我国战略性、先导性和基础性行业，我国电信部门业务收入实现了跨越式的增长，在拉动整体

经济增长和提高人民生活水平方面起到了巨大作用。"七五"到"八五"期间，电信部门经历了一个高速发展期，电信收入以20%以上的速度增长。从"八五"开始，我国在电信部门逐步推行放松管制改革，有力地促进了行业的跨越式发展。在"八五"期间（1993—1997年），我国电信部门业务收入平均增长高达44.4%，达到了历史新高。2007年之前，电信部门业务收入增长的速度要远远超前我国GDP增速。其中，1994—2007年，电信部门业务收入从1994年的487.3亿元，增加到2007年的6321.8亿元，14年，电信部门业务总收入增长了12.93倍，而我国GDP增长了5.96倍。

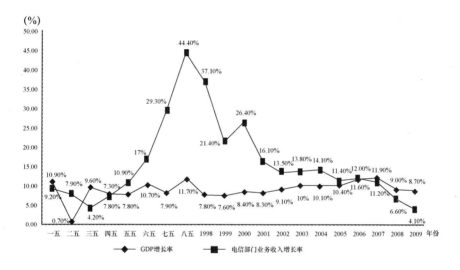

图6-1 新中国成立以来我国电信部门业务收入增速与GDP增速比较

但是，近年来我国电信部门业务收入增速呈现出下滑趋势，电信部门收入与国民经济收入差距有进一步拉大的趋势。2007年电信部门业务总收入增速为11.2%，三十年来首次低于GDP同期增速11.9%。2008年，全球金融危机等外部因素进一步加剧了电信部门业务收入增速的下滑，通过对全国各地电信部门多项关键指标的分析发现，金融危机导致2008年全国电信部门业务收入增速放缓1.8个百分点，影响收入为136亿元左

右，其他因素影响放缓了 1.1 个百分点①。二者（GDP 增长 9.0%，电信
部门业务总收入增长 6.6%）增幅差距进一步拉大为两个百分点②。根据
工信部发布的 2009 年通信业经济运行分析报告显示，全行业实现部门
业务收入 8707.3 亿元，同比增长 4.1%。2009 年 1—9 月，上半年以及
1—3 月，这一数据分别为 3.3%、2.3% 和 1.9%。同时，4.1% 的增速
不仅低于电信部门 2008 年 6.6% 的增速，也低于 2009 年 GDP 8.7% 的
增速。

二　电信部门对国民经济贡献呈现出下行态势

电信增加值占 GDP 的比重反映了电信部门对国民经济的直接贡献。
图 6 - 2 显示，在 2008 年，我国电信部门累计完成增加值 4557.2 亿元，
同比下降 2.4%，占同期 GDP 的比重为 1.52%，虽然与国民经济其他行
业的平均贡献率 0.25% 相比，电信部门对国民经济的直接贡献依然比较
高。但是，延续了 2002 年来对 GDP 直接贡献下降的趋势，而且，下降幅
度比前几年的幅度都要大。

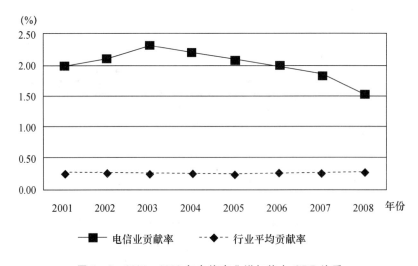

图 6 - 2　2001—2008 年电信产业增加值占 GDP 比重

---

① 工业和信息化部：《中国通信统计年度报告》，人民邮电出版社 2008 年版。
② 韩永军：《危中谋变、化危为机——电信部门业务收入增长低于 GDP 增长思考》，《人民
邮电报》2009 年 8 月 13 日。

电信部门与国家经济发展之间存在正相关关系。这种关系首先体现为电信部门自身能力的提高、经营规模的扩大、业务收入增加等对国家经济发展的直接影响，即电信部门自身的发展直接促进经济发展；其次，这种关系体现为对国家经济发展的间接影响。一方面，电信部门的发展要依靠其他产业对电信产品的需求。尤其随着信息技术的应用，能够加速推动其他产业的升级和综合能力的提高。另一方面，电信部门的发展还依赖于对其他产业最终产品的需求，这表明电信部门对其他部门最终产品的需求越强烈，电信部门就越能有效地促进其他产业的扩张，从而带动产业的发展。

归结而言，在信息社会中，不拥有信息技术的企业将无法生存。电信部门通过对经济产生直接和间接影响，使产业结构得到调整，朝着高度化方向提升，从而提高国民经济整体发展水平。因此，电信部门业务收入增幅大幅回落、低位徘徊，以及电信部门对国民经济的贡献持续下降，其后果一定会影响国民经济增长，这些问题越来越引起我国政府和电信部门的高度重视。

三　放松管制改革推进缓慢

电信产业是国民经济战略性产业，电信网是最重要的信息化基础设施。尽管 2008 年电信运营商基于全业务经营进行了重组。但是，并没有从根本上扭转"一家独大"的竞争失衡问题。而且，竞争失衡问题进一步加剧。与世界发达国家的电信部门相比，我国电信部门放松管制程度依然具有较大的差距。我国电信部门放松管制改革的滞后主要表现在以下几个方面：

第一，市场结构。我国电信部门有效竞争的格局远远没有达到。在移动通信领域中国移动一家独大，而在固定通信领域中国电信和中国网通几乎是区域垄断，在这种市场结构下很难说电信部门是有效竞争的。长期的一家独大和区域垄断必然降低电信运营商经营效率，损失社会福利。

第二，网络融合。我国在三网融合战略上滞后于发达国家，并没有形成电信网和广播电视网相互进入竞争的格局。从 1996 年开始，美国、欧洲、日本、韩国等国家和地区就先后进行了固网和移动网络的融合（FMC），放松了电信、广电和计算机网之间的相互进入和融合，即三网融合。而我国时至今日，虽然在 2010 年年初提出了三网融合方案，但依然还没得到实质性推进。

第三，产权结构。我国电信部门依然是国家一股独大，民营资本难以进入基础电信市场竞争，并没有形成多种所有制形式的电信企业公平竞争的市场格局。虽然我国国有电信运营商自1997年以来在海外资本市场上减少了部分国有股份，形成了多元化的产权结构，但是，国有股份依然占有控制地位，形成了国有独占的现象。而且，存在着对民营资本严格的进入管制。

第四，我国电信部门在管制政策上也存在着滞后现象。一方面，在管制机构设置上，相对发达国家来说，并没有形成独立电信监管机构。而且在三网融合的趋势下，我国电信和广播电视业的监管分立，由于部门之间的利益之争，成为我国电信领域推动三网融合战略的一个重要藩篱。另一方面，《电信法》一直没有推出。这对于进一步深化电信产权改革，保障我国电信部门的有效竞争，以及推动我国三网融合，缺乏一个坚实的法制基础。按照国际经验，发展中国家在放松管制改革中，如果缺乏科学合理的配套管制政策，在竞争和产权改革方面的政策推进，可能是事倍功半，难以达到改革的理想效果。

四　以往相关研究

20世纪90年代中国电信行业开始了大规模的经济体制改革，通过这场改革，打破邮电部的垄断经营格局，并取得了举世瞩目的成就，中国从一个通信落后国家赶超成为世界最大的电信市场（Lu和Wong，2003）。1994年中国电信行业收入为487.3亿元，截至2004年就达到了4906.8亿元，每年的行业增速都高于13.5%，并远超过GDP的增速。然而，行业高速增长的态势并没有保持下去，且近年呈现出快速下滑态势。2007年，电信行业出现了30年来首次低于同期GDP增速的现象。2009年仅增长4.1%，低于2008年6.6%的增速，也低于2009年GDP 8.7%的增速（中国通信统计年度报告，2009）。

那么，中国电信行业从增长奇迹快速陷入增长困境，究竟经济体制改革力度与行业增长之间存在着怎样的逻辑关系？不同电信体制改革措施对电信行业增长的贡献有多大？停滞推进经济体制改革是否影响了电信行业的增长？继续推进电信体制改革对电信行业增长的改善空间有多大？电信行业作为国民经济中战略性、先导性和基础性产业，其发展对国民经济增长具有重要的拉动作用（Roller and Waverman，2001；Datta and Agarwal，2004）。因此，这些问题的回答将对推进电信经济体制改革，以及促进国民经济健康快速发展具有重要的指导意义。

随着科学技术的发展，电信行业不再完全具有自然垄断属性（Berg and Tschirhart，1998）。此外，自然垄断和规制理论发展也为电信经济体制改革提供了重要依据（Stigler，1972；Peltzmann，1976；Baumol，Panzar and Willig，1983；Sharkey，1982）。20 世纪 70 年代末期以来，世界发达国家电信行业开始了打破垄断、民营化和管制政策变化为主题的经济体制改革（Spiller and Cardilli，1997；Noll，2000）。目前，很多国外文献利用跨国面板数据考察了经济体制改革对电信行业劳动生产率的影响。Boyland 和 Nicoletti（2000）、Bortolotti 等（2002）和沃尔斯登（2001）研究发现竞争和独立管制显著提高了行业劳动生产率。罗斯（1999）研究发现民营化也显著改善了行业劳动生产率，甚至 Li 和 Xu（2004）研究发现完全民营化要比部分民营化更能提高行业劳动生产率。综合三种因素后，芬克等（2003）研究发现竞争、民营化和独立性管制机构对劳动生产率都具有显著正向影响。

有些文献进一步验证了电信经济体制改革对全要素生产率的影响。20 世纪 80 年代初英国电信民营化，以及美国 AT&T 分拆引入竞争，引领了世界电信改革的潮流。Kwoka（1993）对英国电信和 AT&T 生产率分解后发现 80 年代竞争和民营化分别贡献了这两家企业 17% 和 25% 的生产率增长，并且 KGort 和 Sung（1999）对 AT&T 分拆效果研究也得出了基本相似的结论。

另外，跨国实证研究结论也支持了竞争和民营化对电信行业全要素生产率具有显著的正效应（Madden and Savage，2001；Madden，Savage and Ng，2003；Li and xu，2004）。而且，Lam 和 Shiu（2010）利用 1980—2006 年 105 个国家电信业发展数据研究发现，存在竞争和民营化的国家要比不存在的国家更能促进本行业全要素生产率增长。

受国外垄断行业改革浪潮的影响，自 1994 年中国开始电信经济体制改革，截至 2007 年，电信改革经历了三个阶段。第一个阶段是改革初期（1994—1997 年）。在这一阶段，行业引入了中国联通，形成了双寡头竞争格局。第二阶段是改革中期（1998—2002 年）。首先，国务院对处于几乎完全垄断地位的中国电信先后进行了纵向和横向分拆，并且还引入了中国铁通和卫通，最终形成了电信市场"5＋1"分业竞争的格局。[①] 其次，分拆出来的电信企业通过在海外股票市场上市来进行产权改革，将部分国有股份民营化，最终政企实现了分离。最后，在管制政策上发生了三大改变：一是 1998 年邮电分家后信息产业部的成立标志着相对独立管制机构的设立；二是 2000 年国务院颁布了《中华人民共和国电信条例》，放松了由政府完全管制的电信价格，电信价格不再完全由政府决定；三是 2001 年年底中国加入了世界贸易组织，意味着中国电信行业必须遵守世界贸易组织管制条例。第三阶段是改革后期（2003—2007 年）。这一阶段电信改革已经放缓，基本处于停滞的状态。

对于中国电信经济体制改革效果，已有文献进行了初步研究。汪贵浦和陈明亮（2007）利用 1986—2004 年度时间序列数据，直接将市场集中度与行业增长率进行回归，发现分拆改革并未实现改革初衷，并认为基于分拆的电信市场结构没有提高行业增长。但是更多的文献却证实了电信行业去垄断改革促进了技术进步、降低了电信服务价格，并增进了社会福利水平（高锡荣，2008a，b；孙巍，2008）。包含产权影响因素后，郑世林（2010）、Zheng 和 Ward（2011）分别基于电信整体市场和细分市场，实证分析了电信市场竞争与上市产权改革对电信服务价格、电话普及率以及电信通话量的影响，研究发现市场竞争显著提高电信行业绩效，并且上市产权改革也对移动通信绩效具有积极影响。

以上文献的研究结论并不统一，尤其在关于电信行业增长的估算上略为简单。而且，迄今为止，作者还尚未发现文献从市场竞争、产权改革和管制政策变化出发，全面而规范地考察改革对电信行业增长的影响。有鉴于此，对于我国电信部门出现的发展困境问题，本章试图利用 1994—2007 年我国大陆 29 个省、市和自治区电信部门发展面板数据，应用柯布—道格拉斯生产函数验证不同的放松管制改革措施对电信部门全要素生产率影响假设基础上（第四章研究假设 Comp4、Owner4 和 Reg4），估算放松管制改革和要素投入对电信部门产出增长的贡献率，真正弄清楚 14

---

① 固定通信主要是中国电信、网通和铁通之间的竞争，移动通信形成了中国移动和中国联通之间的竞争。另外还有 1 家是中国卫通，主要从事卫星通信业务。

年来我国电信部门产出增长的来源。

第二节　分析框架与研究假设

一　分析框架

从世界范围来看，各国电信行业经济体制改革可以归结为市场结构、产权结构和管制政策的变化。在研究电信业体制改革对生产率的影响时，马登和萨维奇（Madden and Savage，1999，2001）在产业组织理论重要分支哈佛学派的结构—行为—绩效范式下，探究了竞争、产权与各国电信行业全要素生产率之间的关系。沃尔斯登（2001）和芬克等（2003）在分析电信业改革对劳动生产率的影响时，既包括竞争和产权的影响，也包括管制变化。另外，在测算中国行业性行政垄断对效率影响时，于良春和张伟（2010）也借鉴产业组织理论中的结构—行为—绩效范式，在考虑中国转轨制度因素、产权和市场结构因素基础上构造了扩展的产业组织分析框架。

根据以上文献，本书形成了电信经济体制改革对行业生产率作用机制的扩展的产业组织分析框架，由于管制政策变化是中国电信行业重要的转轨制度因素之一，因此，本书中的 I（Institution）表示电信管制政策变化。而且，我们认为，管制政策变化不仅会对结构产生影响，而且作为外部变量会直接对电信厂商行为产生影响。[①] S（Structure）表示电信行业市场结构和产权结构，C（Conduct）表示电信厂商的行为，P（Performance）表示电信行业绩效，本书主要指生产率。通过扩展的产业组织框架，我们建立起电信管制政策变化、市场结构、产权结构与行业生产率之间的作用机制。

二　研究假设

在扩展的产业组织分析框架中，因为厂商行为仅是中间变化，所以本

---

　　① 在转型国家，对于竞争性行业而言，可以直接建立起竞争和产权与产业绩效之间的影响关系（刘小玄，2003），而对于电信等垄断性行业来说，企业行为不仅是由企业经营者根据结构因素决定的，而且会受到主管部门管制政策的影响。因此，管制政策变化会直接对厂商行为产生影响，从而影响行业绩效。

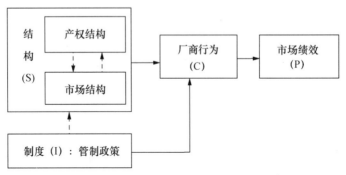

图 6 - 3   ISCP 分析框架：电信改革对生产率的作用机制

书将中间环节——厂商行为变化视为一个"黑箱"，直接建立起改革措施与绩效之间的关系。在此基础上，根据竞争、产权和管制理论，并结合中国电信业体制改革的差异化道路，提出研究假设[①]。

（一）市场竞争对电信行业生产率影响

经济学主流思想认为市场竞争是提高配置效率、技术效率和促进技术进步的可靠机制（Hayek，1945；Alchian and Kessel，1962；Williamson，1963；Leibenstein，1966）。另外，新制度经济学派也支持竞争对技术效率有正向影响（North，1990；Levy and Spiller，1996）。对于电信行业来说，随着信息技术的发展，行业不再完全具有自然垄断特征，一些业务已经完全丧失自然垄断性，因此，打破行业垄断走向市场竞争必然会带来电信行业生产率的显著提高。

在经济体制改革中，中国电信行业并没有像多数国家一样形成以民营企业为主的竞争主体，而是通过引入竞争和拆分重组形成了以国企独占的竞争性市场。那么，这种国企间的竞争是否能改善生产效率呢？一方面，巴里和约瑟夫（1983）、哈特（Hart，1983）认为，无论国家还是私人拥有财产，只要是竞争性市场就可以让企业股东比较容易地获得更多信息来推断管理工作，最终导致生产效率提升。另一方面，虽然行业中都是国企，但是由于企业有自身的独立利益，同样存在着促进竞争的因素（郑世林，2010）。一是企业绩效与员工的切实收入、职位和荣誉感有关；二

①   限于篇幅，本书并未讨论竞争、产权与管制之间的交互影响机制。

是企业绩效不仅关系到高级管理者的合同薪酬，也关系到其在政府行政职务上的提拔和重用，高管之间形成竞争"锦标赛"，其竞争压力不亚于民营高管。[1] 鉴此，我们提出：

假设1：打破垄断后所形成的市场竞争格局提高了电信行业生产率。

（二）上市产权改革对电信行业生产率的影响

新制度经济学探究了不同产权结构的激励效果（North，1990；Levy and Spiller，1996）。委托—代理和公共选择理论也为产权结构与经济效率的关系提供了假设依据（Niskanen，1971；Boycko and Viskny，1996）。这些理论认为国有比民营产权生产效率低下。一方面，国有产权不但产权分散微弱，而且委托—代理关系层次较多，造成了较高的监管成本、激励方式不够灵活等问题，使得企业内部效率较低。另一方面，国有产权存在着软预算约束问题，也带来了大量效率损失。

中国电信产权改革也未像多数国家一样采取大规模的民营化，而是通过企业海外上市部分民营化国有产权。大量的实证研究支持民营化产权改革显著提高了电信行业生产率（Ros，2001；Madden，Savage and Ng，2003；Li and Xu，2004）。但对于上市产权改革对生产率影响目前较少研究，我们认为这种改革方式不但有助于国有企业实现政企分开，硬化软预算约束，而且上市后受到海外资本市场监督，企业经营管理与国际接轨，生产效率也得到改善。就此，我们提出：

假设2：以海外上市为主的产权改革提高了电信行业生产率。

（三）管制政策变化对电信行业生产率的影响

构建独立的管制机构不仅可以防止垄断权的滥用以保护消费者，也可防止随意的政治干涉用以保护投资者，同时可以激励电信企业有效运营和投资（Laffont and Tirole，2002）。在政府干涉较大的管制条件下，民营投资者不愿意投资和扩大生产规模（Gupta and Sravat，1998；Holburn，2001）。此外，繁重的管制也会给企业的投入和产出决策带来负面影响，使得企业生产率下降（Averch and Johnson，1962）。因此，就理论上而言，构建独立性管制机构和加强电信立法会提高电信行业生产率，并且在经验研究上得到了验证（Wallsten，2001；Fink et al. 2003）。与国际相比，中

---

[1] 中国近年来越来越多的大型国有企业高管被直接提拔到省部级重要领导岗位上。

国电信行业在管制政策改革方面仍然比较滞后，不仅缺乏独立管制机构，也未颁布正式《电信法》。不过，相对政府行政经营时期，也取得了一定进展：建立相对独立的管制机构、颁布了《电信条例》以及中国加入世界贸易组织后必须遵守国际管制条例。那么，这些变化对生产率影响如何？我们提出：

假设 3：相对独立管制机构成立、《电信条例》颁布以及中国加入世界贸易组织改善了电信行业生产率。

第三节 数据和基本估计方法

一 数据说明与指标选取

本书所使用的数据涵盖 1994—2007 年我国大陆 29 个省、市和自治区电信部门发展的平衡面板数据。其中，西藏自治区由于部分数据缺失，没有包括在内；重庆市由于成立于 1997 年，因此将其数据纳入四川省一并处理。数据来源主要包括两个方面：一方面，电信部门资本和劳动投入数据主要来源于 1995—2008 年《中国统计年鉴》；另一方面，其他电信部门数据与第五章的数据来源相同。本书涉及的变量指标主要包括三大类，即电信产出指标、投入指标和放松管制改革指标。

（1）电信产出指标：本书利用电信业务的收入来衡量，在电信业务收入中包括固定本地电话、长途电话、数据通信、移动通信、无线寻呼五个子项目的业务收入。由于本书考察的是电信部门中最主要的移动通信和固定通信业务，因此，为了保持研究的一致性，本章所使用的电信部门业务收入包括固定本地电话、长途电话和移动通信业务收入数据，收入的单位为亿元。为了确保指标的可比性，根据《中国统计年鉴》中逐年电信费价格指数进行了平减。

（2）电信投入指标：分别包括资本投入和劳动投入。资本方面不仅包括电信设备投入，而且包括原材料投入。其中，电信部门投入的主要设备包括局用交换机、长途电话交换机和移动电话交换机。由于《中国统计年鉴》中没有设备台数数据，因此，本书利用三种交换机容量来衡量设备的投入。局用交换机的单位为万门，长途电话交换机的单位为路端，移动电话交换机的单位为万户。原材料投入主要由长途光缆线路长度来衡量，单位为公里。另外，用电信职工人数衡量劳动投入指标，单位为万人。

（3）放松管制改革指标：放松管制改革指标分别包括市场竞争、产权改革和管制变化。与第五章基本一致，市场竞争指标分别由赫芬达尔指数和市场中竞争企业数量来衡量；产权改革指标分别由国有股权比例和上市改制的企业数量来衡量；管制变化指标分别由三个年度虚拟变量来衡量。其中，1998年邮电分家后，信息产业部的成立意味着相对独立的管制机构形成。2000年我国又颁布了《中华人民共和国电信规制条例》，学者通常称为"小电信法"，形成了电信法制的初步轮廓。另外，2002年我国加入世界贸易组织后，必须接受该组织的电信管制措施，并且受到国际电信运营商竞争的压力。因此，三个管制变化的年度分别为1998年、2000年和2002年。

另一方面，本书还衡量了电信部门不同去垄断改革阶段对电信产出增长的影响，所衡量的三个改革措施主要包括以下三个虚拟变量：一是中国联通成立，如果该省、市或自治区的中国联通分公司还没有成立设为"0"，已经成立为"1"；二是纵向拆分，假若中国移动还没有成立设为"0"，那么成立就设为"1"；三是横向分拆后彼此进入，某省、市或自治区的中国电信公司横向拆分为新的中国电信和中国网通后，假若还没有发生对方公司的进入设为"0"，发生进入设为"1"。所有数据的描述性统计见表6-1。

表6-1　　　　数据统计性描述（1994—2007年）

衡量指标	变量	变量描述	平均值	标准差	最小值	最大值
电信产出	Revenue	电信部门业务收入	99.1	122.2	0.8	914.7
资本投入	COcapacity	局用交换机容量	871.3	904.5	7.8	5362.5
	Lexchange	长途电话交换机容量	264078	286480	6934	2767211
	Mexchange	移动电话交换机容量	840	1282	1	11366
	Fiber	长途光缆长度	12889	11024	118	65226
劳动投入	Employee	电信职工人数	4.16	2.44	0.50	13.26
市场竞争	HHI	赫芬达尔指数	0.62	0.29	0.29	1
	FirmNo	市场中竞争企业数量	3.40	1.49	1	5

续表

衡量指标	变量	变量描述	平均值	标准差	最小值	最大值
产权改革	SOequity	国有股权比例	0.89	0.13	0.66	1
	ShareNo	海外上市改制企业数量	1.24	1.33	0	3
去垄断改革	CUenter	中国联通成立虚拟变量	0.82	0.39	0	1
	CMoff	纵向分拆虚拟变量	0.64	0.48	0	1
	Fixedoff	横向分拆虚拟变量	0.38	0.49	0	1

二 系统广义矩估计方法

我们知道，时间跨度相对于截面数较小的动态面板数据模型而言，采用动态面板数据处理技术是一个非常好的选择①。目前为止，有两种处理技术：一种是差分广义矩估计法，另一种是系统广义矩方法。早前，差分广义矩估计方法（first - differeced GMM，简称 DIF - GMM）被广泛用来处理动态面板数据模型中的严重内生性问题。差分广义矩估计法的基本思想是先进行一阶差分以去掉固定效应的影响，然后用一组滞后的解释变量作为差分方程中相应变量的工具变量②。然而，布伦德尔和邦德（Blundell and Bond）的进一步研究认为，差分广义矩估计法估计量较易受弱工具变量的影响而产生向下的大的有限样本偏差③。为了克服这一问题，Blundell and Bond 提出了系统广义矩估计方法（System GMM，简称 SYS - GMM）。系统广义矩估计方法估计量结合了差分方程和水平方程，此外还增加了一组滞后的差分变量作为水平方程相应变量的工具④。相比较而言，系统广义矩估计方法估计量具有更好的有限样本性质。在此，我们首先简单介绍系统广义矩估计方法的计算过程，然后，指出如何保证该方法

---

① Roodman, D., How to Doxtabond, An Introduction to "Difference" and "System" GMM in Stata [R]. Working Paper No, 103.

② Arellano, M. and Bond, S., Some Tests of Specification for Panel Data: Monte Carlo Evidence and an Appilication to Employment Equation [J]. *The Review of Economic Studies*, 1991, 58 (2): 277 - 297.

③ Blundell, R. and Bond, S., Initial Conditions and Moments Restrication in Dynamic Panel Data Models [J]. *Journal of Econometrics*, 1998 (87): 115 - 143.

④ Ibid..

所估计的结果是可行的。

先对系统广义矩估计方法模型的简单介绍。

假如我们考虑一个一阶简单面板数据模型如下：

$$y_{it} = \rho y_{i,t} + \varepsilon_{it} \qquad i = 1,2,3,\cdots,N; \qquad t = 2,3,\cdots,T \qquad (6-1)$$

$$\varepsilon_{it} = u_i + v_{it}$$

而且

$$E[\mu_i] = 0, E[v_{it}] = 0, E[v_{it}\mu_i] = 0 \qquad i = 1,2,3,\cdots,N; t = 2,3,\cdots,T$$
$$(6-2)$$

再假设误差项是序列不相关的，也就是

$$E[v_{it}v_{is}] = 0 \qquad 其中 i = 1,2,3,\cdots,N; 且 s \neq t$$

并且初始条件 y_{it} 满足

$$E[y_{i1}v_{it}] = 0 \qquad 其中 i = 1,2,3,\cdots,N; \quad t = 2,3,\cdots,T \qquad (6-3)$$

根据以上假设，可以得出下面的矩限制条件：

$$E[y_{i,t-2}\Delta\varepsilon_{it}] = 0 \qquad 其中 t = 2,3,\cdots,T \qquad (6-4)$$

其中

$$y_{i,t-2} = (y_{i1}, y_{i2}, \cdots, y_{it-2})', \Delta\varepsilon_{it} = \varepsilon_{it} - \varepsilon_{i,t-1} = \Delta y_{it} - \alpha\Delta y_{i,t-1}$$

定义

$$Z_{di} = \begin{bmatrix} y_{i,1} & 0 & & \cdots & & 0 & \cdots & \cdots & \cdots & 0 \\ 0 & y_{i,1} & y_{i,2} & 0 & \cdots & & 0 & \cdots & \cdots & \cdots & 0 \\ 0 & 0 & & y_{i,1} & y_{i,2} & y_{i,3} & 0 & \cdots & & & 0 \\ \cdots & \cdots & & & \cdots & & & \cdots & & \\ 0 & & \cdots & & & \cdots & y_{i,1} & y_{i,2} & y_{i,3} & \cdots & y_{i,t-2} \end{bmatrix}$$

和

$$\Delta\varepsilon_i = \begin{bmatrix} \Delta\varepsilon_{i,3} \\ \Delta\varepsilon_{i,4} \\ \cdots \\ \Delta\varepsilon_{i,t} \end{bmatrix}$$

矩条件（6-4）就可以表示为

$$E(Z_{di}'\Delta\varepsilon_i) = 0 \qquad (6-5)$$

那么 ρ 的 GMM 估计量可以由下式给出[①]

$$\hat{\rho}_d = \frac{\Delta y_{-1}' Z_d W_N^{-1} Z_d' \Delta y}{\Delta y_{-1}' Z_d W_N^{-1} Z_d' \Delta y_{-1}}$$

其中，$\Delta y = (\Delta y_1', \Delta y_2', \cdots, \Delta y_N')$，$\Delta y_i = (\Delta y_{i,3}, \Delta y_{i,4}, \cdots, \Delta y_{i,T})'$

Δy_{-1} 是 Δy 的滞后项，$Z_d = (Z_{d1}', Z_{d2}', \cdots, Z_{dN}')'$，$W_N$ 是决定 GMM 估计量有效性的权重矩阵。

由于一阶差分 GMM 只有在大样本下才是渐进有效的，因此为了得到一个具有较好有限样本性质的估计量，布伦德尔和邦德[②]提出应加入一个额外的假设：

$$E(u_i \Delta y_{i,2}) = 0 \qquad i = 1, 2, 3, \cdots, N \qquad (6-6)$$

这个假设要求初始条件 $y_{i,1}$ 是平稳的

$$y_{i,1} = \frac{\mu_i}{1-\rho} + \vartheta_i \qquad (6-7)$$

其中，$E(\vartheta_i) = 0$，$E(\vartheta_i \mu_i) = 0$。

假如（6-2）式、（6-3）式、（6-4）式和（6-6）式能满足的话，则下面的 $\dfrac{(T-1) / (T-2)}{2}$ 矩条件是正确的。

$$E(\varepsilon_{it} \Delta y_{i,t-1}) = 0 \qquad t = 3, 4, \cdots, T \qquad (6-8)$$

其中，$\Delta y_{i,t-1} = (\Delta y_{i,2}, \Delta y_{i,3}, \cdots, \Delta y_{i,t-1})'$

定义 $Z_{m,i}$

$$Z_{m,i} = \begin{bmatrix} \Delta y_{i,2} & 0 & \cdots & 0 \\ 0 & \Delta y_{i,2} & \Delta y_{i,3} \cdots & 0 \\ \cdots & \cdots & \cdots & \cdots \\ 0 & 0 \cdots & \Delta y_{i,2} \cdots & \Delta y_{i,t-1} \end{bmatrix}; \varepsilon_i = \begin{bmatrix} \varepsilon_{i,3} \\ \varepsilon_{i,4} \\ \cdots \\ \varepsilon_{i,t} \end{bmatrix}$$

矩条件（6-8）式可表示为

$$E(Z_{mi}' \varepsilon_i) = 0 \qquad (6-9)$$

① Arellano, M. and Bond, S., Some Tests of Specification for Panel Data: Monte Carlo Evidence and an Appilication to Employment Equation [J]. *The Review of Economic Studies*, 1991, 58 (2): 277 -297.

② Blundell, R. and Bond, S., Initial Conditions and Moments Restriction in Dynamic Panel Data Models [J]. *Journal of Econometrics*, 1998 (87): 115 -143.

那么 ρ 的 GMM 估计量就可以由下式给出

$$\hat{\rho}_m = \frac{y'_{-1} Z_m W_N^{-1} Z'_m y}{y'_{-1} Z_m W_N^{-1} Z'_m y_{-1}}$$

我们称 ρ_m 为 LEV – GMM 估计量，（6-8）式或者（6-9）式就是 LEV 的矩条件。

在满足假设（6-2）式、（6-3）式、（6-4）式和（6-6）式基础上，全部的线性矩条件可以表示如下：

$$E(y_{i,t-2} \Delta \varepsilon_{i,t}) = 0 \quad t = 3, \cdots, T \qquad (6-11)$$
$$E(\varepsilon_{it} \Delta y_{i,t-1}) = 0 \quad t = 3, 4, \cdots, T$$

或者可以表示为：

$$E(Z'_{si} l_i) = 0 \qquad (6-11)$$

根据以上矩条件得到的 GMM 估计值为

$$\hat{\rho}_s = \frac{q'_{-1} Z_s W_N^{-1} Z'_s q}{q'_{-1} Z_s W_N^{-1} Z'_s q_{-1}} \qquad 其中 \; q_i = (\Delta y'_i, y'_i)'$$

我们称 ρ_s 为系统 GMM 估计量，（6-10）式或者（6-11）式就是矩条件（SYS Moment Conditions）。

从以上运算过程可以看出，系统 GMM 估计量就是将两个方程组结合在一起。既包括以合适的滞后水平值作为工具变量的标准一阶差分方程组，又包括以合适的滞后一阶差分变量作为工具变量的水平方程组。虽然模型（6-1）式中个体效应 μ_i 与 y_{it} 相关，但假定（6-6）式要求一阶差分 Δy_{it} 与 μ_i 不相关，允许在水平方程组中使用一阶差分滞后值作为工具变量。而且，Blundell and Bond 用蒙特卡洛仿真比较了一阶差分 GMM 与系统 GMM 的有限样本性质，对于 AR（1）模型，在使用系统广义矩方法估计时，有限样本偏误显著减少，准确性也得到提高[174]。

在理论层面，GMM 估计量的一致性关键取决于各项假设条件是否满足，这需要进行两个假设检验，第一个是通过汉森（Hansen）过度识别约束检验对所使用的工具变量的有效性进行检验，此检验的原假设是所使用的工具变量与误差项是不相关的；第二个是通过阿雷兰洛 – 邦德（Arellano – Bond）的自相关检验方法对差分方程的随机误差项的二阶序列相关进行检验，其原假设是一阶差分方程的随机误差项中不存在二阶序列相关。如果不能拒绝上述检验的原假设则意味着工具变量有效和模型设定正确。

在操作层面，对于 GMM 估算结果是否有效可行，邦德等人给出了一种简单的检验方法，即如果 GMM 估计值介于固定效应估计值和混合最小二乘法估计值之间，则 GMM 估计是可靠有效的[①]。这是因为混合最小二乘法估计通常会导致向上偏误的滞后项系数，而在时间跨度较短的面板数据中，采用固定效应估计则会产生一个严重向下偏误的滞后项系数。

除此之外，在操作层面，我们还应尽可能地满足一个拇指规则，即工具变量数不超过截面数。鲁德曼（Roodman）指出，太多的工具变量数可能过度拟合内生变量而不能去掉内生部分[172]。而且，过多的工具变量还可能弱化上面的汉森过度识别约束检验。

第四节　放松管制改革对全要素生产率影响的实证研究

一　基本模型的设计

全要素生产率的测定和分析，按照国际文献的方法，通常包括参数法和非参数法。在本书我们将采用参数法，即多数文献所依赖的柯布—道格拉斯生产函数。

设某省份 i 在 t 年的生产函数为：

$$V_{i,t} = A_{i,t} \cdot V_{i,t-1}^p \cdot (L_{i,t}^\alpha \cdot K_{i,t}^\beta)^{1-\rho} \qquad (6-12)$$

其中，$V_{i,t}$ 和 $V_{i,t-1}^p$ 分别为某省份 i 在 t 年和 $t-1$ 年的电信部门价值增加值。引入 $V_{i,t-1}^p$ 主要是考虑行业产出的持续性，$A_{i,t}$ 为全要素生产率，$K_{i,t}$ 为资本投入，$L_{i,t}$ 为劳动投入。对（6-12）式取对数并考虑各省份固定效应以及电信部门产出的随机波动后得到：

$$v_{i,t} = \rho v_{i,t-1} + (1-\rho)\alpha l_{i,t} + (1-\rho)\beta k_{i,t} + a_{i,t} + \mu_i + \varepsilon_{i,t} \qquad (6-13)$$

上式中，$v_{i,t} = \ln (V_{i,t})$，$l_{i,t} = \ln L_{i,t}$，$k_{i,t} = \ln K_{i,t}$，$a_{i,t} = \ln A_{i,t}$，μ_i 表示省份 i 不随时间变化的未观察因素，$\varepsilon_{i,t}$ 为随机波动扰动项。

我国电信部门自 1994 年以来发生的放松管制改革，将会影响电信部

---

① Bond, S., Dynamic Panel Data Models: A Guide to Micro Data Methods and Pratice [J]. *Portuguese Economic Journal*, 2002 (1): 141-161.

门的全要素生产率，因此，我们基于扩展的产业组织分析理论框架，考虑了市场竞争程度、产权改革和管制变化对全要素生产率的影响。为此，可以将全要素生产率表示为：

$$a_{i,t} = \delta_0 + \eta_1 Comp_{i,t} + \eta_2 Own_{i,t} + \eta_3 Reg_{i,t} \tag{6-14}$$

其中，$Comp_{i,t}$表示市场竞争程度，与前面一致，我们分别利用产业集中度衡量指标——赫芬达尔指数（$HHI_{i,t}$）和市场中竞争企业数量（$FirmNo_{i,t}$）来衡量。Own_{it}也与前一章保持一致，分别利用国有股权比例（$SOequity_{i,t}$）和海外上市改制的企业数量来衡量。而$Reg_{i,t}$包含了三个时间虚拟变量即1998年、2000年和2002年，分别来衡量相对独立管制机构的建立、《电信条例》的颁布和我国加入世界贸易组织[①]。另外，δ_0为常数项。

将（6-14）式代入（6-13）式中，可以得到基于柯布—道格拉斯生产函数的估计模型：

$$v_{i,t} = \delta_0 + \rho v_{i,t-1} + \eta_1 Comp_{i,t} + \eta_2 Own_{i,t} + \eta_3 Reg_{i,t} + \eta_4 K_{i,t} + \eta_5 L_{i,t} + \mu_i + \varepsilon_{i,t} \tag{6-15}$$

将$Reg_{i,t}$变量由三个时间虚拟变量代替后，（6-15）式可以表示为：

$$v_{i,t} = \delta_0 + \rho v_{i,t-1} + \eta_1 Comp_{i,t} + \eta_2 Own_{i,t} + \eta_3 K_{i,t} + \eta_4 L_{i,t} + \eta_5 Year1998 + \eta_6 Year2000 + \eta_7 Year2002 + \mu_i + \varepsilon_{i,t} \tag{6-16}$$

在（6-16）式中，由于产出变量电信部门价值增加值的数据不可得，我们借鉴Li和Xu[②]在研究电信改革对世界电信部门的全要素生产率的处理办法，利用电信部门总产出变量——电信业务收入来替代价值增加值变量。

$$q_{i,t} = \delta_0^* + \rho^* q_{i,t-1} + \eta_1^* Comp_{i,t} + \eta_2^* Own_{i,t} + \eta_3^* K_{i,t} + \eta_4^* L_{i,t} + \eta_5^* Year1998 + \eta_6^* Year2000 + \eta_7^* Year2002 + \mu_i^* + \varepsilon_{i,t}^* \tag{6-17}$$

式中，$q_{i,t} = \ln(Q_{i,t})$。此方法，由于在（6-17）式右侧省略了中间投入，因此，Li和Xu[③]认为这种方法估计的改革变量系数是有偏的，一般会产生下偏，即$\eta_{1\sim2}^* \le \eta_{1\sim2}$，$\eta_{5\sim6}^* \le \eta_{5\sim6}$，并且实际放松管制改革对

① 由于我国从2001年12月11日才正式成为世界贸易组织的正式成员，因此，我们把世界贸易组织管制的影响设定在2002年更为合理。

② Li, W. and Xu, L. C., The Impact of Privatization and Competition in the Telecommunications Sector Around the World [J]. *The Journal of Law and Economics*, 2004 (2): 395–430.

③ Ibid..

全要素生产率的边际影响要高于估计值。

在模型中，$K_{i,t}$分别由局用交换机容量（$COcapacity_{i,t}$）、长途电话交换机容量（$Lexchange_{i,t}$）、移动电话交换机容量（$Mexchange_{i,t}$）和长途光缆长度（$Fiber_{i,t}$）四个变量来衡量。而$L_{i,t}$由电信职工人数（$Employee_{i,t}$）来衡量。

对于模型的内生性问题，一方面，我们使用系统广义矩估计（SYS－GMM）来克服动态方程中滞后因变量的内生性问题；另一方面，由于在我国电信部门中电信发达的省份更容易首先采取改革。也就是说，竞争和产权改革可能是电信产出的结果而不是原因。即竞争和产权改革是内生的，从而产生内生性问题。我们将与某省最邻近的五省和其他30省的$HHI_{i,t}$和$SOequity_{i,t}$的平均值作为该省竞争和产权变量的工具变量，从而一致的估计竞争和产权对电信部门全要素生产率的影响[①]。

二　实证结果分析

本书利用1994—2007年度的29个省、市和自治区电信行业发展的数据，应用最小二乘法、固定效应法和系统广义矩估计法对模型（4）进行估计。为克服竞争和产权变量的内生性问题，与 Zheng 和 Ward（2011）处理一致。本书还利用某省相邻五省的市场集中度（赫芬达尔指数）和产权变量平均值为工具变量，并应用模型（4）给出解释变量为内生时的估计结果（见表6－2）。

表6－2　　　　　　　　　　基于生产函数的估计结果

解释变量	被解释变量：log（主营业务收入）					
	解释变量为外生			解释变量为内生		
	OLS	FE	SYS－GMM	OLS	FE	SYS－GMM
	（1）	（2）	（3）	（4）	（5）	（6）
log（主营业务收入）	0.389	0.122	0.281	0.394	0.128	0.308
	（0.032）***	（0.041）***	（0.053）***	（0.033）***	（0.041）***	（0.059）***

续表

---

①　与某省最邻近的五省和其他30省的$HHI_{i,t}$和$SOequity_{i,t}$的平均值作为该省竞争和产权变量的工具变量，其原因详见第五章第二节。

解释变量	被解释变量：log（主营业务收入）					
	解释变量为外生			解释变量为内生		
	OLS	FE	SYS – GMM	OLS	FE	SYS – GMM
	（1）	（2）	（3）	（4）	（5）	（6）
赫芬达尔指数（HHI）	− 0.408	− 0.538	− 0.972	− 0.451	− 0.609	− 0.880
	（0.104）***	（0.112）***	（0.121）***	（0.110）***	（0.119）***	（0.140）***
国有股权比例	− 0.533	− 0.962	− 1.126	− 0.502	− 1.117	− 0.894
	（0.124）***	（0.137）***	（0.169）***	（0.134）***	（0.150）***	（0.156）***
log（局用交换机容量）	0.044	0.001	− 0.314	0.043	− 0.027	− 0.301
	（0.041）	（0.056）	（0.057）***	（0.041）	（0.057）	（0.046）***
log（长途电话交换机容量	0.128	0.089	0.295	0.13	0.076	0.371
	（0.034）***	（0.040）**	（0.109）**	（0.034）***	（0.040）　*	（0.087）***
log（移动电话交换机容量）	− 0.043	− 0.015	0.041	− 0.05	− 0.023	0.047
	（0.025）　*	（0.024）	（0.027）	（0.025）**	（0.024）	（0.030）
log（长途光缆线路长度）	− 0.052	0.015	0.014	− 0.053	0.011	0.044
	（0.012）***	（0.031）	（0.070）	（0.012）***	（0.031）	（0.063）
log（电信职工人数）	0.271	0.226	1.234	0.274	0.218	1.165
	（0.037）***	（0.078）***	（0.090）***	（0.038）***	（0.079）***	（0.075）***
yr1998	− 0.105	− 0.085	0.052	− 0.096	− 0.064	0.036
	（0.041）**	（0.040）**	（0.031）	（0.042）**	（0.041）	（0.035）
yr2000	0.015	− 0.021	0.008	0.011	− 0.019	0.005
	（0.035）	（0.032）	（0.018）	（0.035）	（0.032）	（0.017）
yr2002	− 0.044	− 0.058	0.056	− 0.048	− 0.054	0.06
	（0.034）	（0.032）*	（0.016）***	（0.035）	（0.032）　*	（0.019）***
阿雷兰诺—邦德 AR（1）			0.025			0.009
阿雷兰诺—邦德 AR（2）			0.147			0.240
汉森检验			0.180			0.185
观察值	377	377	377	377	377	377

注：（1）***、**、*分别表示在1%、5%和10%统计水平上显著；（2）所有回归中均包含了常数项，为节省空间，此处均未列出；（3）表中括号内为稳健标准差；（4）为了满足工具变量数大于截面数及工具有效性，对于因变量（时间虚拟变量外）我们使用了滞后两期并用了 collapse。

（一）经济体制改革对电信行业生产率的影响

根据表 6 - 2 中的结果，我们主要得到以下几个结论：

第一，去垄断改革所形成的市场竞争对电信行业全要素生产率具有显著的正向影响。表 6 - 2 中，在 1% 显著水平上，三种估算方法都显示电信市场集中度——赫芬达尔指数与行业全要素生产率呈负相关，即市场竞争显著提高了电信行业全要素生产率，这个结果充分验证了假设 1。结果说明电信行业通过引入竞争、两次拆分打破政府垄断经营格局，构建国有电信企业竞争格局，对于生产率提高发挥了重要作用。而且，该结果也为中国政府扭转当前电信行业"一家独大"的竞争失衡局面提供了实证支持。

表 6 - 3 　　　　　　　　基于生产函数的估算结果（可靠性检验）

解释变量	被解释变量：log（主营业务收入）				
	基于两阶段系统 GMM 的估算				
	（1）	（2）	（3）	（4）	（5）
log（主营业务收入）	0.040 (0.067)	0.026 (0.067)	0.068 (0.051)	0.059 (0.049)	0.195 (0.042) ***
竞争者（企业）数量	0.026 (0.048)				0.069 (0.021) ***
竞争者（企业）数量_ 1		0.008 (0.030)			
上市改制企业数量			0.101 (0.019) ***		0.085 (0.017) ***
上市改制企业数量_ 1				0.081 (0.015) ***	
log（局用交换机容量）	- 0.097 (0.120)	- 0.082 (0.075)	- 0.188 (0.087) **	- 0.119 (0.064) *	- 0.081 (0.080)
log（长途电话交换机容量）	0.691 (0.076) ***	0:724 (0.117) ***	0.487 (0.108) ***	0.586 (0.105) ***	0.401 (0.072) ***
log（移动电话交换机容量）	0.094 (0.050) *	0.096 (0.045) **	0.163 (0.039) ***	0.129 (0.032) ***	0.083 (0.042) *

续表

解释变量	被解释变量：log（主营业务收入）				
	基于两阶段系统 GMM 的估算				
	（1）	（2）	（3）	（4）	（5）
log（长途光缆线路长度）	0.163	0.177	0.085	0.109	-0.012
	(0.075) **	(0.060) ***	(0.083)	(0.058) *	(0.047)
log（电信职工人数）	1.111	1.118	1.200	0.953	1.007
	(0.181) ***	(0.185) ***	(0.153) ***	(0.158) ***	(0.138) ***
yr1998	-0.140	-0.140	-0.142	-0.145	-0.092
	(0.040) ***	(0.017) ***	(0.013) ***	(0.017) ***	(0.023) ***
yr2000	0.062	0.058	0.015	0.073	0.048
	(0.016) ***	(0.025) **	(0.017)	(0.013) ***	(0.019) **
yr2002	0.018	0.039	0.045	0.070	0.037
	(0.028)	(0.022) *	(0.021) **	(0.019) ***	(0.014) **
阿雷兰诺—邦德 AR（1）	0.015	0.028	0.021	0.007	0.038
阿雷兰诺—邦德 AR（2）	0.105	0.135	0.137	0.122	0.119
汉森检验	0.309	0.259	0.368	0.289	0.349
观察值	377	377	377	377	377
工具变量数	25	25	25	25	28

　　第二，海外上市产权改革显著地提高了电信行业的全要素生产率。从表6-2中三种方法估计结果可以看出，国有股权比例下降与电信行业全要素生产率具有非常显著的正效应。这个结果不仅验证了假设2，而且也与梅金森等（Megginson et al.，1994）、Boubakri 和 Cosset 以及 D'Souza 和 Megginson（1999）关于上市产权改革的实证结果基本保持一致。电信企业海外上市后，部分国有股份被民营化。虽然国家仍保持着控制权，但是由于上市后企业的治理结构发生了很大变化，从而提高了电信行业全要素生产率。可能的解释包括几个方面：一是电信企业海外上市，迫使企业

进行改制，逐步摆脱了国有企业的行政性负担，并硬化了预算软约束；二是由于海外股票交易市场的监管和信息披露比较严格，电信企业不得不完善现代企业制度，按照国际惯例经营管理企业；三是电信企业在海外交易市场上的股价表现作为其绩效的"晴雨表"，激励企业不断改善生产率（DeWoskin，2001）。

第三，管制政策变化对电信行业全要素生产率都具有正面影响。中国加入世界贸易组织显著提高了电信行业生产率，虽然相对独立管理机构成立和《电信条例》颁布对行业生产率影响不显著，但是表现出正向影响。中国加入世界贸易组织后，电信管制措施逐步与世界接轨，而且必须遵守世贸组织的电信管制措施，另外，受到国外电信巨头无形竞争压力也增大，因此，加入世界贸易组织对行业生产率提高呈现出显著的正效应。

（二）　实证结果的稳健性检验

为增强研究结果的稳健性，本书将核心改革变量分别利用其他变量来衡量，进行了重新估计。其中，竞争变量由电信市场中竞争者（企业）的数量来衡量，原因在于，自1994年以来中国电信市场不断引入竞争者，拆分出相互竞争的对象，随着省、市、自治区市场中企业数量的增加，电信行业中市场竞争的激烈程度不断增加。其次，产权改革变量由海外上市改制的企业数量衡量，之所以用此变量衡量，是因为一省完成海外上市改制的企业数量越多，就意味着该省电信行业产权改革的程度越高。此外，我们还加入了这两个变量的滞后项，以考虑改革措施的滞后影响，但限于篇幅，仅取滞后一期。最后我们利用模型（4）进行回归，稳健检验结果列于表6-3中。

一方面，从表6-3第（5）列结果看出，竞争者（企业）数量和企业完成上市改制数量与行业生产率呈现出显著正面影响，这进一步验证了假设1和假设2。此外，从我们的实证结果还可以得到一些有趣的结论。一是，在不剔除产权改革变量影响的情况下，将竞争变量直接与其余变量回归发现，市场中企业数量增加虽然对行业生产率具有正面影响，但是影响并不显著。然而，当加入产权变量后，企业数量增加对生产率转变为显著影响，而且第（5）列的回归系数要远远大于第（1）列。这个结果可以推断，企业上市产权改革难以有效促进企业竞争，从而降低了生产率。二是，在不剔除竞争变量影响时，产权改革变量与行业生产率呈现出显著的正向关系（当期和滞后期），当加入竞争变量后，产权变量的影响依然显著，而且第（5）列的回归系数要小于第（3）列。因此，我们可以推断市场竞争促进了企业上市改制的效果，从而促进了生产率的提高。[①]

另一方面，《电信条例》的颁布和中国加入世界贸易组织对电信行业全要素生产率具有显著的正面效应，而相对独立的管制机构的建立对电信生产率呈现出负效应。与前面实证结果有所差别的是，《电信条例》颁布对生产率的影响由不显著变为显著正相关，说明这项管制变化对电信生产率表现出积极的正向影响。另一个差别是，1998 年建立相对独立管制机构对部门生产率变成显著负向影响，但这并不会影响本书实证结果的可靠性，可能利用竞争者数量和上市改制企业数量这两个代理变量的效果较差所引起测算结果的波动，另外也说明相对独立管制机构难以提高电信生产率：一是由于电信运营商都是大型国企，与相对独立管制部门还存在着千丝万缕的联系，因此，政企不分、政监不分等问题仍然较为严重，难以实现独立监管；二是邮电分家、主辅分离举措花费了较大代价进而影响了行业效率。

第五节　去垄断改革对全要素生产率影响的实证研究

1994 年以来，电信部门进行了大刀阔斧的去垄断改革，主要措施包括：1994 年引入中国联通，形成电信市场的双寡头竞争；1998 年纵向分拆，中国移动的成立；2002 年横向分拆，形成中国电信和中国网通南北进行竞争。但是，对于去垄断改革效率问题鲜见实证研究。基于此，本部分的内容主要是估计在 1994—2007 年期间，不同的去垄断改革的三个措施对我国电信部门全要素生产率的影响。

一　基本实证模型

基于前文的实证模型（6-17），其中，由于市场竞争分别由三个去垄断改革措施组成，我们对竞争变量进行了调整，所采用的基本模型如下：

---

① 我们在相关研究中也发现了类似结论，并作出了详细的原因解释，参见郑世林（2010）。

$$q_{i,t} = \delta_0 + \rho y_{i,t-1} + \eta_1 CUenter_{i,t} + \eta_2 CMoff_{i,t} + \eta_3 Fixedcomp_{i,t} +$$
$$\eta_4 COcapacity_{i,t} + \eta_5 Lexchange_{i,t} + \eta_6 Mexchange_{i,t} + \eta_7 Fiber_{i,t} + \eta_8 Employee_{i,t} +$$
$$\eta_9 Year1998 + \eta_{10} Year2000 + \eta_{11} Year2002 + \mu_i + \varepsilon_{i,t} \qquad (6-18)$$

其中，$CUenter_{i,t}$、$CMoff_{i,t}$和$Fixedcomp_{i,t}$分别表示中国联通成立、纵向分拆和横向分拆的虚拟变量。前文中数据说明与指标选取部分对三个变量作了详细的解释。除了没有包含产权变量之外，其他变量与模型（6-17）保持一致。

二　实证结果分析

本书利用系统广义矩估计方法对模型（6-18）进行估计，我们分别考察三个去垄断改革措施及其滞后一期的影响，又将三个改革措施放在一起进行考察，其估算结果见表6-4。同样的理由：（1）汉森检验不能拒绝工具变量有效的原假设；（2）AR（2）检验不能拒绝一阶差分方程的随机误差项中不存在二阶序列相关的原假设；（3）滞后项的估计值介于最小二乘法和固定效率法估计值之间；（4）工具变量数小于截面数（29个）。我们认为估计结果是稳健的。通过分析表6-4中的实证结果，我们得到以下几个结论。

表6-4　　　　　　　不同去垄断改革对全要素生产率的影响

去垄断的措施	被解释变量：主营业务收入						
	基于两阶段系统 GMM 的估算						
	（1）	（2）	（3）	（4）	（5）	（6）	（7）
log（主营业务收入）	0.254 (0.069)***	0.248 (0.076)***	0.086 -0.081	0.238 (0.060)***	-0.017 -0.067	-0.015 -0.068	0.405 (0.104)***
中国联通成立	-0.313 (0.044)***	-0.250 (0.101)**					-0.231 (0.058)***
中国联通成立_1		-0.021 (0.077)					
纵向分拆			0.040 (0.052)**	0.196 (0.056)***			0.264 (0.115)**
纵向分拆_1				0.263 (0.051)***			

续表

去垄断的措施	被解释变量：主营业务收入						
	基于两阶段系统 GMM 的估算						
	（1）	（2）	（3）	（4）	（5）	（6）	（7）
横向分拆后彼此进入					0.259	0.271	0.040
					（0.047）***	（0.057）***	（0.024）**
横向拆分后彼此进入_1						-0.019	
						（0.030）	
log（局用交换机容量）	-0.013	-0.055	-0.199	-0.269	-0.327	-0.335	-0.291
	（0.070）	（0.080）	（0.078）**	（0.070）***	（0.083）***	（0.085）***	（0.162）*
log（长途电话交换机容量）	0.498	0.532	0.824	0.745	0.600	0.573	0.656
	（0.082）***	（0.089）***	（0.101）***	（0.094）***	（0.100）***	（0.107）***	（0.111）***
log（移动电话交换机容量）	0.121	0.127	0.099	-0.002	0.282	0.284	-0.014
	（0.030）***	（0.036）***	（0.038）**	（0.042）	（0.043）***	（0.043）***	（0.075）
log（长途光缆线路长度）	0.141	0.124	0.164	0.095	-0.004	0.014	0.199
	（0.076）*	（0.073）*	（0.054）***	（0.054）*	（0.068）	（0.054）	（0.071）***
log（电信职工人数）	0.784	0.780	0.935	1.049	1.239	1.278	0.971
	（0.115）***	（0.118）***	（0.186）***	（0.163）***	（0.192）***	（0.198）***	（0.199）***
yr1998	-0.094	-0.108	-0.128	0.010	-0.155	-0.159	0.049
	（0.022）***	（0.018）***	（0.043）***	（0.048）	（0.017）***	（0.017）***	（0.077）
yr2000	0.033	0.033	0.046	-0.074	0.069	0.063	0.055
	（0.012）***	（0.012）**	（0.015）***	（0.035）**	（0.014）***	（0.014）***	（0.016）***
yr2002	0.007	0.004	0.039	0.017	0.092	0.082	0.020
	（0.017）	（0.017）	（0.028）	（0.028）	（0.038）**	（0.037）**	（0.031）**
阿雷兰诺—伯德 AR（1）	0.023	0.021	0.010	0.012	0.042	0.070	0.022
阿雷兰诺—伯德 AR（2）	0.117	0.124	0.258	0.100	0.186	0.244	0.224
汉森检验	0.155	0.159	0.132	0.146	0.128	0.161	0.130
观察值	377	377	377	377	377	377	377
工具变量数	25	27	25	27	25	27	28

（1）引入联通竞争当期对电信部门全要素生产率有显著的负面效应，滞后一期后尽管还是负效应，但是变化并不显著。负效应的解释可能因为中国联通在各省组建分公司当期并不能真正形成与中国电信实质性竞争，只有随着不断进入竞争才会产生正面效应。这个结论基本上与实际相符，在1994—1998年期间，中国联通占电信市场不到1%的份额，不足以成为现实竞争力量。

（2）纵向分拆改革非常显著地提高了电信部门全要素生产率。中国移动在1998年从中国电信中拆分出来后，无论是当期还是滞后期都对电信部门的全要素生产率具有显著的正向影响。这个结论说明，电信部门在当时背景下，按照业务领域的不同，将在位主垄断运营商进行分拆，这大大促进了电信部门的竞争程度，从而改善了电信部门生产率。而且，中国移动从中国电信分拆出来以后，由于中国移动并没有传统运营商（中国电信）的一些负担，企业的运营机制也发生了很大的变化，并且其业务领域处于当时发展最快的移动技术，因此，这些因素一起使得我国电信部门全要素生产率得到迅速提高。

（3）横向分拆改革初期显著促进了我国电信部门全要素生产率，而滞后期对生产率的影响逐渐呈现出负面效应。尽管中国电信的南北分拆对固定通信的普及率和通话业务量影响并不显著，并且呈现出负效应，但是，横向分拆改革具有其积极意义，即横向分拆一定程度上促进了我国电信部门的竞争，促进了我国电信部门全要素生产率的提高，但是，随着中国电信和中国网通在彼此相互进入时，互相制造互联互通障碍，限制了电信部门的竞争，而且，在2007年双方不得不签订互不进入竞争的协议，这是我们实证结果中滞后期逐步出现负效应的原因。因此，结果显示的结论基本上符合分拆改革的现实，这将有助于我国政府和社会各界重新认识横向分拆改革的政策效果。

第六节　我国电信部门增长来源的估算

我国电信部门放松管制改革可以分为三个阶段：第一个阶段是放松管制改革初期（1994—1997年），这个阶段主要特征是通过引入联通后形成了电信部门"双寡头"竞争格局；第二个阶段是放松管制改革中期（1998—2002 年），电信部门经历了两次分拆、电信企业海外上市和管制体制改革，可以说，这一阶段放松管制改革的力度最大；第三个阶段是放松管制改革后期（2003—2007 年），在这一阶段电信部门没有进一步进行放松管制改革，仅继续推动电信企业的海外上市。在这一部分中，我们将评估电信部门在这三个阶段电信增长的源泉，到底是放松管制改革措施还是电信部门的要素投入带来了电信部门的增长？并分析近年来我国电信部门增长回落的原因。

由于模型（6 - 17）不仅反映了放松管制改革对电信部门全要素生产率的影响，同时也反映了放松管制改革和要素投入与电信部门产出的关系。基于表 6 - 2 第（3）栏中对电信生产函数的计算结果，我们估算了改革三阶段影响我国电信部门增长不同因素的贡献率，我们将结果列于表6 - 5 中。在表 6 - 5 中，电信部门产出增长的来源被分成三类：第一类是电信部门通常的资本和劳动投入，其中，资本投入包括局用交换机、长途电话交换机、移动电话交换机和长途光缆；第二类是由于放松管制改革所带来的全要素生产率变化，其中放松管制改革又包括竞争、产权和管制三个政策措施；第三类是不能解释的余值。

一　放松管制改革初期的贡献

在 1994—1997 年，我国电信总产出增长了 120.23%。从表 6 - 5 中可以看出，电信部门 19.35% 的增长来自资本和劳动投入的增加，其中，资本投入贡献了 10.7% 的增长，劳动投入贡献了 8.65% 的增长。而在资本投入中，最重要的增长来源于长途和移动电话交换机容量的增加，总共贡献了 40.68%，但是，局用交换机贡献的是负值。这个估算结果可能说明，在固定通信领域存在着固定资产过度投资现象，最终投资又难以被市场需求所消化，从而造成了大量的重复性和闲置性建设，因此，局用交换机容量对我国电信部门总产出产生了负面影响。

然而，在放松管制改革初期，放松管制对电信部门增长的贡献率较小，仅为 1.18%。其中，中国联通引入电信部门竞争所带来市场结构的变化对电信部门产出增长贡献率仅为 0.81%，这与前文中的实证结果以及电信这期间的发展现实基本相符，即联通引入难以对当时在位电信运营商构成竞争威胁。其次，1997 年中国电信将广东和浙江两省移动通信业务海外上市所带来的产权结构变化对电信部门产出增长贡献率为 0.37% 。而中国电信部门管制政策在这一时期并没有大的改变，因此，没有形成对电信产出的贡献。最后，在我们对电信部门增长估算中，不能解释的余值对增长贡献率为 79.47% 。

二　放松管制改革中期的贡献

从表 6-5 中 1998—2002 年的估算结果来看，在这期间，电信部门产出增长了 130.69% 。而电信部门 60.79% 的增长来源于放松管制改革。其中，资本和劳动投入的增长贡献率仅为 3.81% ，资本投入方面的贡献为 7.73% ，而劳动投入的贡献为 -3.92% 。与前一阶段一致，资本投入贡献最大的是长途和移动电话交换机的投入（31.92%），长途光缆的投入增长贡献率为 1.52% ，但是局用交换机的投入为负值（-25.71%）。另外，无法解释的余值对电信产出增长贡献率为 35.41% 。以下内容我们将重点分析放松管制改革的不同政策措施对电信部门产出增长的贡献。

（1）在放松管制改革中，分拆竞争所带来的市场结构变化对电信部门产出增长的贡献最大。在表 6-5 中，市场结构变化贡献了电信部门产出增长的 43.55% ，因此，在这期间，我国政府所采取的大刀阔斧式分拆改革所构建的电信部门竞争格局，是这一时期电信部门产出快速增长的重要效率源泉。

（2）随着国有电信企业的不断海外上市产权改革，在这一时期我国电信部门产权结构的变化对电信部门产出增长的贡献为 8.63% 。其中，在该时期，中国联通和中国电信分别在 2000 年和 2002 年海外上市，而且，中国移动其他分公司也相继上市。由于电信企业的相继上市对电信部门全要素生产效率具有重要影响，促进了我国电信产出的增长。

（3）管制政策的变化也对电信部门产出增长有较大贡献。我国电信部门管制政策的变化主要集中这一阶段，总共为电信部门产出增长贡献了 8.88% 。其中，1998 年相对独立管制机构建立、2000 年《电信条例》的颁布以及 2002 年中国加入世界贸易组织，对我国电信部门产出增长的贡献率分别为 3.98% 、0.61% 和 4.28% 。尽管独立管制机构的建立对电信部门全要素生产率的影响并不显著，但是，还是对电信部门产出的增长具有较大的贡献。

三　放松管制改革后期的贡献

在 2003—2007 年的五年期间，我国电信部门产出增长了 116.6%。其中，资本和劳动投入变化对电信部门产出增长贡献率为 33.97%，包括资本投入变化贡献率为 16.77%，劳动投入变化贡献率为 17.20%。在资本投入中，长途电话交换机容量对电信部门产出增长的贡献最大占 22.94%，而移动电话交换机容量的贡献相对前一阶段有所减少仅为 5.40%，长途光缆的贡献率也降为 0.41%。另外，其余未解释余值对电信部门产出增长贡献率为 47.8%。

这期间，放松管制改革对电信部门产出增长贡献了 18.22%，其中，市场结构的变化仅贡献了 2.38%，产权结构的变化贡献了 15.84%，而这期间我国管制政策并没有变化。可以看出，产权结构的变化是放松管制改革措施中对电信部门产出增长贡献最大的政策。主要原因在于，这期间我国电信部门四大运营商都完成了各省分公司的海外上市计划，而且，这期间也是这三个阶段中国有产权比例下降最快的时期。因此，由于产权结构的变化，使得电信部门全要素生产率得到较大提升，进而导致了我国电信部门产出的增长。

表 6 - 5　　　　　　　　　估算我国电信部门产出增长的源泉

解释变量	估计系数 (1)	1994—1997 年		1998—2002 年		2003—2007 年	
		解释变量的变化 (2)	增长贡献率（%）(3) = (1) ×(2)	解释变量的变化 (4)	增长贡献率（%）(5) = (1) ×(4)	解释变量的变化 (6)	增长贡献率（%）(7) = (1) ×(6)
放松管制改革			1.42 (1.18)		79.44 (60.79)		21.25 (18.22)
市场结构			0.97 (0.81)		56.92 (43.55)		2.78 (2.38)
赫芬达尔指数	- 97.200	- 0.01	0.97	- 0.59	56.92	- 0.03	2.78
产权结构			0.45 (0.37)		10.92 (8.36)		18.47 (15.84)

续表

解释变量	估计系数 (1)	1994—1997 年		1998—2002 年		2003—2007 年	
		解释变量的变化 (2)	增长贡献率（%）(3)=(1)×(2)	解释变量的变化 (4)	增长贡献率（%）(5)=(1)×(4)	解释变量的变化 (6)	增长贡献率（%）(7)=(1)×(6)
国有股权比例	-112.600	-0.004	0.45	-0.10	10.92	-0.16	18.47
管制变化					11.60 (8.88)		
yr1998	5.200				5.200 (3.98)		
yr2000	0.800				0.800 (0.61)		
yr2002	5.600				5.600 (4.28)		
资本投入			12.87 (10.70)		10.10 (7.73)		19.55 (16.77)
局用交换机容量	-0.314	119.70	-37.59 (-31.26)	107.03	-33.61 (-25.71)	44.48	-13.97 (-11.98)
长途电话交换机容量	0.295	80.83	23.84 (19.83)	71.49	21.09 (16.14)	90.66	26.74 (22.94)
移动电话交换机容量	0.041	611.34	25.06 (20.85)	502.97	20.62 (15.78)	153.43	6.29 (5.40)
长途光缆线路长度	0.014	110.29	1.54 (1.28)	142.29	1.99 (1.52)	34.49	0.48 (0.41)
劳动投入			10.40 (8.65)		-5.12 (-3.92)		20.06 (17.20)
电信职工人数	1.234	8.43	10.40	-4.15	-5.12	16.26	20.06
其他			95.54 (79.47)		46.27 (35.41)		55.74 (47.80)
累计增长			120.23 (100.00)		130.69 (100.00)		116.60 (100.00)

四 综合比较分析

我们利用表6-5的结果,分别将三个阶段放松管制改革与投入对电信部门增长的贡献率在图6-1中表示,以及将市场和产权结构的变化贡献率示于图6-4和图6-5中。通过比较我国电信部门三个放松管制改革时期,我们主要得到以下三个结论。

(1)放松管制改革力度越大,对电信部门增长的贡献越大。从图6-3可以看出,在1998—2002年我国电信部门进行了大刀阔斧的两次分拆改革,市场结构发生了深刻的变化,这一阶段电信部门增长主要来源于放松管制改革,放松管制改革显著提升了部门全要素生产率,进而贡献了电信部门60.79%的增长。相对而言,在改革的初期由于放松管制改革力度较小,因此,改革对电信部门增长的贡献几乎也很小,仅贡献了1.18%。而2002年之后,我国电信部门放松管制改革步伐不断趋缓,放松管制改革贡献了18.22%,贡献率比第二阶段有大幅度下降,这也是我国电信部门增长速度下降的重要原因之一。

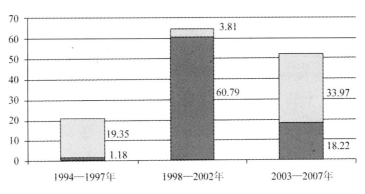

图6-4 三个阶段放松管制改革与要素投入对电信增长的贡献率

(2)分拆改革后市场集中度并没有明显持续下降,这在一定程度上影响了近年来我国电信部门产出增长。从图6-5中可以看出,在第一阶段1994—1997年中国联通进入电信部门后,对市场集中度影响较小,市场结构变化对电信部门增长的贡献仅为0.81%。在第二阶段两次分拆期间,市场结构变化的影响为43.55%,几乎贡献了电信部门增长的一半。

而第三阶段2003—2007年，我国电信部门放松管制改革后期，电信市场集中度并没按照改革者所预期的那样持续降低。反而，由于移动技术对固定技术的替代效应，固定电信运营商业务出现了萎缩现象，而中国移动在电信市场份额逐渐呈现出"一家独大"的状况。这种在分拆改革后所形成的市场集中化趋势，使得其他电信企业难以对中国移动形成竞争威胁，电信部门难以形成有效竞争的格局，最终影响到了电信部门产出增长，这一阶段市场结构对电信部门增长的影响仅为2.38%。

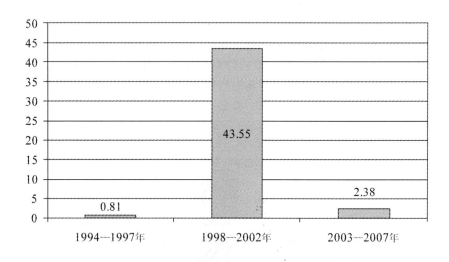

图6-5　三个阶段中市场结构变化对电信增长的贡献率

（3）企业上市产权改革对我国电信部门产出增长的贡献，在三个放松管制改革阶段呈现出逐步增长趋势。从图6-6中，我们可以看出从放松管制初期、中期到后期，产权结构变化所带来的电信部门产出增长的贡献分别为0.37%、8.36%和15.84%。尽管第五章所考察的1997年以来的上市产权改革对电信部门产业绩效变量的影响并不很显著，但是这场改革却显著提高了电信部门全要素生产率，从而促进了电信部门产出的增长。

　　近年来中国电信行业经历了高速增长之后，逐渐滑入到低速增长期，那么究竟什么原因造成了中国电信的低速增长？我们分析了经济体制改革与电信行业增长之间的关系，以揭开电信行业低速增长之谜。近年来电信

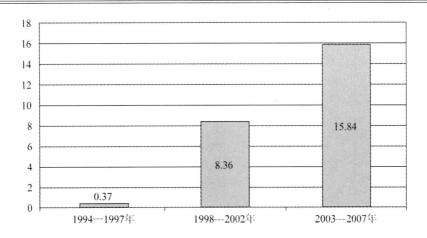

图 6 - 6　三个阶段产权结构变化对电信增长的贡献率

行业低速增长的主要原因如下：

　　一方面，电信行业经济体制改革停滞是部门低速增长的主要原因之一。而且，国内农村电信行业与城市相比差距明显，存在广阔的市场空间。① 另外，三网融合、物联网、移动互联网等新兴业务发展潜力巨大。因此，中国电信行业远未达到饱和，近期行业增速下降与行业增长空间相关的证据不足。本书实证结果为揭示近期行业低速增长之谜提供了线索。从图 6 - 7 可以看出，在 1998—2002 年中国电信行业进行了两次大刀阔斧的分拆改革，市场结构发生了深刻的变化，这一阶段电信行业增长主要来源于经济体制改革，贡献了电信行业 60.79% 的增长。然而，在 2002 年之后，中国电信行业经济体制改革步伐基本停滞，改革贡献下降到了18.22%，贡献率相对第二阶段大幅度下降，这是电信增长速度下降的重要原因之一。在 2003—2007 年间，中国政府在市场结构和管制政策上并没有进行持续的改革，尽管电信企业在海外资本上继续降低国有股份比例，但是民间资本仍然无法进入到电信行业中来。

---

　　① 2009 年城市固定电话、移动电话和互联网普及率达到 33.9%、70.5% 和 44.6%，而农村普及率仅为 14.5%、17.8% 和 15%。

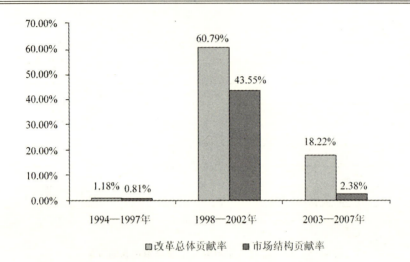

图 6-7 改革总体和市场结构对电信增长贡献率

另一方面，分拆改革后电信行业走向竞争失衡边缘，这一定程度上也影响了近年来中国电信行业产出增长。图 6-7 显示，在第一阶段（1994—1997 年）中国联通进入电信行业后，对市场集中度的影响较小，市场结构变化对电信行业增长的贡献仅为 0.81%。在第二阶段（1998—2002 年）两次分拆期间，市场结构变化的影响为 43.55%，几乎贡献了电信行业增长的一半。而第三阶段（2003—2007 年），电信市场集中度并没按照改革者所预期的那样持续降低。反而，在分业竞争的格局下，由于移动对固定技术的替代效应，固定电信运营商的经营业务出现了萎缩现象，中国移动逐渐"一家独大"，电信市场走向了竞争失衡的边缘（郑世林，2010）。因此，这种竞争失衡最终影响到了电信行业增长，这一阶段市场结构对增长的贡献仅为 2.38%。

与发达国家相比，中国无论是移动电话还是互联网普及率都远落后于发达国家，甚至滞后于国际平均水平（见图 6-8）。

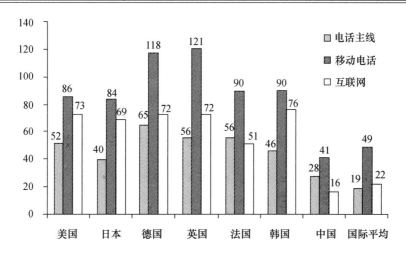

图 6 - 8 2007 年电信普及率国际间比较（%）

第七章　结论与政策建议

　　自然垄断产业是支撑国民经济发展的基础性命脉产业。20世纪70年代末期以来，美国、英国等发达国家开始了对由政府严格管制的自然垄断行业进行放松管制改革，这场改革迅速引起世界各国对自然垄断产业放松管制改革的热潮。本书以自然垄断产业最具典型特征的电信部门为例，研究了我国电信部门放松管制改革的绩效。从国外文献来看，经济学家已经以国家间的面板数据研究了放松管制改革措施对电信产业绩效的影响。但是，由于我国电信部门放松管制改革起步较晚，计量研究方面仍落后于国外。目前，该领域的多数国内文献基本上从定性角度研究我国电信部门放松管制改革的措施、状况和绩效，以及通过国际间的比较，提出相关的政策建议，尚缺乏对我国电信部门放松管制改革绩效进行规范而又细致的实证研究。

　　本书介绍了世界发达和发展中国家放松管制改革的现状，总结了世界经济学家对世界电信部门放松管制改革的实证结论。阐述了我国电信部门放松管制的改革历程和发展状况。本书考虑电信部门的特征，在产业组织理论哈佛学派结构—行为—绩效理论分析范式基础上，构建了研究电信部门放松管制改革绩效的扩展的产业组织分析范式，提出了我国电信部门放松管制改革与产业绩效关系的研究假设。根据研究假设，本书利用电信部门放松管制期间中国29个省（市、自治区）的面板数据，首次实证研究了中国电信竞争、产权改革和管制制度变化对产业绩效（电信服务价格、电话普及率和通话量）和全要素生产率的影响。另外，本书还估算了放松管制改革期间，我国电信增长的真正来源。

第一节 本书的主要结论

根据放松管制改革对产业绩效（电信服务价格、电话普及率和通话量）和全要素生产率的实证研究，以及对电信部门增长来源的估算结果，本书总结出了以下结论：

第一，电信部门去垄断改革所形成的市场竞争不仅对电信部门绩效，也对电信部门全要素生产率具有显著的正面效应。这个实证结果与多数世界电信实证文献相符，因此，市场竞争是在电信部门放松管制改革中提高产业绩效和全要素生产率的最可靠的政策措施。而当前我国电信部门日益加剧的一家独大和竞争失衡格局，无疑会影响到我国电信部门的健康发展。

第二，海外上市产权改革难以改善电信部门绩效，但是显著提高了电信部门全要素生产率。从电信细分市场来看，移动通信企业海外上市要比固定通信企业上市的绩效更明显，而固定通信企业上市产权改革与固定通信绩效呈现出显著的负效应。因此，对移动通信企业来说，海外上市产权改革是其迅速膨胀和发展的重要原因之一。而对于固定通信企业，可谓是"失之东隅，收之桑榆"，即损失了通信业绩效，但是上市换来的是：积弊已久的固网企业得到全要素生产率提高。

第三，移动与固定业务间存在着显著的替代竞争，但同一业务内竞争绩效并不显著。可以说，我国电信部门的竞争主要表现为移动通信对固定通信的替代竞争。拆分竞争并没有实现分业有效竞争的改革初衷，最终拆分后所形成的异质业务替代竞争将分业经营下的电信部门推向了竞争失衡的边缘。这个结论可以解释当前我国电信部门走向一家独大、竞争失衡之谜。

第四，尽管电信部门管制政策变化对产业绩效具有显著的正面效应，而且也促进了电信部门全要素生产率的提高，但是管制政策变化并不能对市场竞争和产权改革这两个政策措施起到有效的配套补充作用。中国电信放松管制改革与一些发展中国家一样，在电信部门放松管制改革中，并没有像有些发达国家那样首先建立起完善的管制政策，比如，独立的电信管制机构、《电信法》等。再去进行电信部门竞争和民营化产权改革。而这种制度上的缺陷，使得有些过快民营化的国家，难以建立起电信部门的有效竞争，仅仅是从国有垄断走向私有垄断。而对于我国来说，尽管没有出现过快民营化问题，但是改革中滞后的管制政策变化难以对我国电信部门有效竞争格局的形成起到辅助补充作用。这也是我国电信部门走向竞争失衡的原因之一。

第五，放松管制改革力度越大，改革对电信部门增长的贡献越大，因此，电信部门进一步放松管制改革依然具有很大的促进电信增长的空间。通过对电信产出增长来源的估算，我们发现 1994—1997 年、1998—2002 年和 2003—2007 年三个阶段的放松管制改革对电信部门业务收入的增长贡献率分别为 1.18%、60.79% 和 18.22%。在 2003 年由于电信部门市场集中度进一步集中，管制体制改革的停滞，放松管制改革对电信增长的贡献率下降较快。尤其近年来，电信竞争失衡加剧，电信产权和管制体制改革举步不前，使我国电信部门增长速度快速下降，2007 年电信增速开始低于国民经济增速，之后两年又进一步拉大差距。而对于一个战略基础性支撑产业来说，电信部门的低速发展必然影响我国国民经济的快速发展。

第二节 政策建议

本书研究的另一个主要目的是为决策部门制定相关政策提供借鉴和参考。根据本书的主要结论，结合我国电信部门当前发展的实际情况，所提的主要政策如下：

第一，竞争维度，市场竞争是电信部门绩效和全要素生产率提高最可靠的措施，且仍有较大的改革空间。因此，深化电信体制改革的重点依然在于通过扭转竞争失衡，真正实现电信部门的有效竞争。

2008 年 5 月 24 日，工信部、发改委和财政部发布了《三部委关于深化电信体制改革的通告》，电信部门重组为中国移动、电信和联通，形成了三分天下的竞争格局。电信部门重组为优化市场格局奠定了基础，但由于我国电信市场的复杂性以及重组效果的滞后性，目前电信市场结构并无明显改善，甚至出现失衡加剧的现象（中华人民共和国工业和信息化部，

2008)。那么，如何进一步改善市场结构失衡的格局呢？我们提出了以下几方面的参考建议：

（1）借助全业务竞争扭转市场结构失衡。世界电信部门正从分业经营向全业务经营过渡，我们认为应该顺应世界电信发展趋势，实现固定移动融合（FMC），将固话和移动、互联网服务综合捆绑推出，是扭转市场结构失衡的最有力手段。

（2）实现三网融合战略，允许电信网和广播电视网的相互进入竞争。1996 年以来，美国、英国、日本等发达国家已经实现了三网融合，电信和广电网可以相互进入。而我国三网融合政策一直推进比较缓慢，因此，加速试点和推进三网融合，会增加电信部门竞争程度，有利于电信部门有效竞争格局的形成。

（3）在移动领域应该继续强化竞争，降低市场集中度，而固网由于自然垄断性依然存在，并且受到移动竞争替代，业务有萎缩趋势，再强调固定业务内部竞争意义不大，因此，应该注重与移动网络融合基础上的竞争。

（4）采取非对称管制，目前正在采用的是 3G 技术方式非对称管制，例如，让中国移动运营技术不太成熟的我国自主知识产权 3G 移动通信 TD – SCDMA，使其承担更多的国家创新义务；让中国联通运营最成熟的 3G 技术 WCDMA。同时，也应辅以单向可携带号码、通信基础设施共享等方式。

第二，产权维度应该继续降低电信部门国有产权的比重，逐步允许民营资本进入电信部门。

一方面，在电信企业上市产权改革中，国有产权比例的降低意味着电信部门全要素生产率提高，然而，对固定通信企业来说，国有股份的减少可能并不能带来绩效的提高。因此，在上市产权改革中，电信运营商应该权衡利弊，适时可以考虑在国内资本市场上市，减少国有股权的比重。

另一方面，由于在国家行政垄断下的电信部门，难以形成真正意义上的市场竞争，如果适时消除行政性或制度性的市场垄断，引入民营企业进入由国有企业独占的电信部门，形成以公有制为主、多种所有制并存的企业经营主体，或许对于充分发挥市场竞争机制，提高整个产业绩效有重要意义。

　　第三，建立独立的电信管制机构，适时推出《电信法》。从发达国家放松管制改革历程来看，一般先建立完善的管制政策，例如，建立独立的电信管制机构、推出《电信法》，然后，再进行产权和竞争政策上的调整。而我国从 1994—2007 年期间的放松管制改革，在管制政策上存在着滞后于其他政策措施的问题，难以促进我国电信部门有效竞争格局的形成。而且，至今没有一套成熟的《电信法》，整个管制政策缺乏一个坚实的法律基础。随着我国即将启动三网融合战略，我国政府一方面要成立电信和广播电视相融合的独立管制机构；另外，适时推出有利于三网融合的《电信法》。

　　第四，毋庸置疑地进一步加大我国电信部门放松管制改革力度，并且注意竞争、产权和管制政策三方面政策之间的改革顺序和相互配套。

　　与发达国家相比，我国电信部门放松管制改革还差距较大，离电信部门的有效竞争格局还有一段距离。而且，在电信部门依然国有产权一统天下，管制政策远远滞后于电信发展的趋势。从本书的研究结果来看，我国电信部门进一步放松改革依然具有很大的促进电信增长的空间。另外，我国通信普及率还没有达到全球平均水平，与发达国家相距甚远。2007 年我国移动电话普及率为 41.6 部/百人，依然低于全球平均水平 49 部/百人，至 2007 年，美洲、大洋洲移动电话普及率已超过 70 部/百人，欧洲更超过了 100 部/百人，均明显高于我国。因此，加大放松管制改革力度，将有助于遏制当前电信增速下行的趋势，拉近与发达国家在通信普及率上的差距。

　　在放松管制改革中，三个政策的推出顺序以及政策之间的交互作用。由于中国电信部门依然是政府管制下的"强垄断市场"，通过资本市场降低国有产权比重，非但未能强化企业之间的竞争，反而会蜕变为对垄断的维持与强化，难以达到企业改制的真正目的，或许成为国家深化电信体制改革的某种束缚。因此本书认为，首先形成电信部门有效竞争格局，然后再考虑进一步通过资本市场继续降低国有产权。另外，也要加强管制政策对电信竞争和产权改革所发挥的配套补充作用。

第三节　需要进一步研究的问题

本书首次利用计量方法对中国电信放松管制改革绩效进行了实证研究，存在着一定局限性，突破这些局限性可能会成为进一步研究方向。首先，由于电信部门全业务重组刚刚在 2008 年发生，我们目前还没有发现出版的有关 2008 年和 2009 年电信部门的数据，因此，如果考虑这次改革的影响，可能会有一些新的发现。其次，竞争、产权和管制对电信部门利润、劳动生产率和服务质量等绩效指标影响如何？可能会更好地补充衡量电信改革绩效。最后，如果将放松管制改革绩效的实证研究延伸到电力、航空、自来水等自然垄断产业，或许会对我国自然垄断产业放松管制改革绩效有更深刻的认识，得到更全面的政策含义。

参 考 文 献

［1］王俊豪：《中国基础设施产业政府管制体制改革的若干思考——以英国政府管制体制改革为鉴》，《经济研究》1997 年第 10 期。

［2］罗雨泽、芮明杰、罗来军、朱善利：《中国电信投资经济效益的实证研究》，《经济研究》2008 年第 6 期。

［3］约翰·伊特韦尔、默里·米尔盖特、彼得·纽曼编：《新帕尔格雷夫经济学大辞典》，经济科学出版社 1996 年版。

［4］史普博：《规制与市场》，上海三联书店 1999 年版。

［5］茅铭晨：《政府管制理论研究综述》，《管理世界》2007 年第 2 期。

［6］闫星宇：《可竞争市场理论综述》，《产业经济研究》2009 年第 9 期。

［7］拉丰、梯诺尔：《政府采购与规制中的激励理论》，上海人民出版社 2004 年版。

［8］植草宜：《微观规制经济学》，中国发展出版社 1992 年版。

［9］戚聿东、柳学信：《中国垄断行业的竞争状况研究》，《经济管理·新管理》2006 年第 1 期。

［10］林毅夫：《现有理论尚难解释中国奇迹》，《人民论坛》2008 年第 2 期。

［11］刘昌黎：《日本的国家限制及其放宽的趋势》，《世界经济》1995 年第 4 期。

［12］朱志强、蒲新华、连明澄、程迈越：《加州电力危机再认识——美国电力改革的经验教训与电力企业风险》，《中国电力企业管理》2003 年第 11 期。

［13］曲文轶：《转轨经济中自然垄断产业的私有化：俄罗斯案例分

析》，《俄罗斯中亚东欧研究》2004 年第 5 期。

　　[14] 张宇燕：《国家放松管制的博弈——以中国联合通信有限公司的创建为例》，《经济研究》1995 年第 6 期。

　　[15] 王俊豪：《论自然垄断产业的有效竞争》，《经济研究》1998 年第 10 期。

　　[16] 王俊豪：《中国垄断性产业结构重组分类管制与协调政策》，商务印书馆 2005 年版。

　　[17] 刘灿：《试论我国自然垄断行业放松管制的所有制基础与企业改革》，《经济评论》2004 年第 4 期。

　　[18] 肖兴志、张曼：《美英日自然垄断型企业改革的共性研究》，《中国工业经济》2001 年第 8 期。

　　[19] 林木西、和军：《自然垄断行业所有制改革研究》，《经济社会体制比较》2004 年第 4 期。

　　[20] 约瑟夫·斯蒂格利茨：《促进规制与竞争政策：以网络产业为例》，《数量经济技术经济研究》1999 年第 10 期。

　　[21] 王俊豪、周小梅：《中国自然垄断产业民营化改革与政府管制政策》，经济管理出版社 2003 年版。

　　[22] 林毅夫：《中国独特的新经济现象》，《哈佛商业评论》2008 年第 5 期。

　　[23] 张维迎、盛洪：《从电信业看中国的反垄断问题》，《改革》1998 年第 2 期。

　　[24] 张昕竹：《网络产业：规制与竞争理论》，社会科学文献出版社 2000 年版。

　　[25] 杨兰品：《论行政垄断及其与相关概念的关系》，《湖北经济学院学报》2006 年第 7 期。

　　[26] 朱智文：《我国垄断行业改革问题的研究进展与评述》，《经济学动态》2007 年第 1 期。

　　[27] 于良春、杨骞：《行政垄断制度选择的一般分析框架——以我国电信业行政垄断制度的动态变迁为例》，《中国工业经济》2007 年第 12 期。

　　[28] 王俊豪、王建明：《中国垄断性产业的行政垄断及其管制政

策》，《中国工业经济》2007 年第 12 期。

　　[29] 杜传忠：《中国垄断性产业的"垄断"特征及其改革思路》，《社会科学辑刊》2005 年第 5 期。

　　[30] 戚聿东：《我国自然垄断产业分拆式改革的误区分析及其出路》，《管理世界》2002 年第 2 期。

　　[31] 李霞：《自然垄断产业治理模式构想》，《经济体制改革》2005 年第 1 期。

　　[32] 天则经济研究所：《中国电信业立法建议的研究报告》，1996 年。

　　[33] 蒋红娟：《中国电信业的市场化改革研究》，博士学位论文，辽宁大学，2007 年 12 月。

　　[34] 苑春荟、张讯：《中国电信业拆分重组的市场绩效评估》，《北京邮电大学学报》2008 年第 2 期。

　　[35] 奚国华、刘仲英：《建立公平公正、有效有序的电信市场竞争环境》，《通信学报》2005 年第 1 期。

　　[36] 易宪容、卢婷：《国内企业海外上市对中国资本市场的影响》，《管理世界》2006 年第 7 期。

　　[37] 工业和信息化部：《中国通信统计年度报告》，人民邮电出版社 2008 年版。

　　[38] 林毅夫、蔡昉、李周：《企业改革的核心是什么》，《经济日报》1995 年 6 月 6 日。

　　[39] 樊纲：《中国的国有企业为什么亏损》，《广东经济》1995 年第 1 期。

　　[40] 张维迎：《企业的企业家——契约理论》，上海三联书店、上海人民出版社 1995 年版。

　　[41] 刘小玄：《中国转轨经济中的产权结构和市场结构》，《经济研究》2003 年第 1 期。

　　[42] 刘小玄：《民营化改制对中国产业效率的效果分析》，《经济研究》2004 年第 8 期。

　　[43] 白重恩、路江涌、陶志刚：《国有企业改制效果的实证研究》，《经济研究》2006 年第 8 期。

〔44〕胡一帆、宋敏、张俊喜：《中国国有企业民营化绩效研究》，《经济研究》2006 年第 7 期。

〔45〕宋立刚、姚洋：《改制对企业绩效的影响》，《中国社会科学》2005 年第 2 期。

〔46〕胡一帆、宋敏、张俊喜：《竞争、产权、公司治理三大理论的相对重要性及其交互关系》，《经济研究》2005 年第 9 期。

〔47〕孙巍、李何、何彬、叶正飞：《现阶段电信业市场结构与价格竞争行为关系的实证研究》，《中国工业经济》2008 年第 4 期。

〔48〕高锡荣：《中国电信市场改革效率之消费者福利分析》，《中国软科学》2008 年第 2 期。

〔49〕高锡荣：《中国电信市场的去垄断改革与技术进步》，《经济科学》2008 年第 6 期。

〔50〕崔万田：《拆分还是开发——发展中国家电信业改革的一种解释》，《经济理论与经济管理》2004 年第 4 期。

〔51〕汪贵浦、陈明亮：《邮电通信业市场势力测度及对行业发展影响的实证分析》，《中国工业经济》2007 年第 1 期。

〔52〕臧旭恒、徐向艺、杨蕙馨：《产业经济学》，经济科学出版社2007 年版。

〔53〕刘小玄：《中国转轨过程中的产权和市场——关于市场、产权、行为和绩效的分析》，上海三联书店 2003 年版。

〔54〕李怀：《基于规模经济和网络经济效益的自然垄断理论创新》，《管理世界》2004 年第 4 期。

〔55〕林毅夫：《国企监督效率为何低下》，《中国证券报》2002 年 9 月 3 日。

〔56〕施东辉：《转轨经济中的所有权与竞争：来自中国上市公司的经验验证》，《经济研究》2003 年第 8 期。

〔57〕刘戒骄、梁峰：《"十一五"期间我国电信监管改革的方向与内容》，《中国工业经济》2005 年第 12 期。

〔58〕韩永军：《危中谋变、化危为机——电信部门业务收入增长低于 GDP 增长思考》，《人民邮电报》2009 年 8 月 13 日。

〔59〕EIU（Economist Intelligence Unit），How Has China Financed Its

Telecoms Build – out ［J］. Business China. 1997（24）：7 – 9.

［60］ Farrer, T. H. , *the State in its Relation to Trade* ［M］. London：Macmillan, 1902.

［61］ Ely, R. T. , *Outlines of Economics* ［M］. New York：Macmillan, 1937.

［62］ Clark, J. M. , Toward a Concept of Workable Competition ［J］. *The American Economic Review*, 1940, 30（2）：241 – 256.

［63］ Clarkson, K. W. and Miller, R. L. , *Industrial Organization: Theory, Evidence, and Public Policy* ［M］. New York：McGraw – Hill, 1982.

［64］ Lipsey, R. G. , Steiner, P. O. and Purvis, D. D. , *Economices –* 8th*ed* ［R］. Harper & Row, 1987.

［65］ Waterson, M. , *Regulation of Firm and Natural Monopoly* ［M］. New York：Basil Blackwell, 1988.

［66］ Bonbright, J. , *Principles of Public Utility Rates* ［M］. New York：Columbia University Press, 1961.

［67］ Kahn, A. E. , *The Economics of Regulation: Principles and Institutions* （Vol. II） ［M］. Cambridge：MIT Press, 1971.

［68］ Baumal, W. J. and Willing, R. D. , Contestable Markets: An Uprising in the Theory of Industry Structure ［J］. *American Economic Review*, 1982（1）：1 – 15.

［69］ Sharkey, W. W. , *The Theory of Natural Monopoly* ［M］. Cambridge：Cambridge University Press, 1982.

［70］ Ponser, R. A. , Theories of Economic Regulation ［J］. *Bell Journal of Economics*, 1974, 5（2）：335 – 358.

［71］ Steven, S. , Liability for Harm Versus Regulation of Safety ［J］. *Journal of Legal Studies*, 1984（5）：357 – 374.

［72］ Owen, B. M. and Braeutigam, R. R. , *The Regulation Game: Strategic Uses of the Administrative Process* ［M］. Cambridge, Massachusetts：Ballinger, 1978.

［73］ Utton, M. , *The Economics of Regulating Industry* ［M］. Oxford, Basil Blackwell：Oxford University Press, 1986.

[74] Stigler, G. and Frieldland, C. J. , What can the Regulators Regulate: The Case of Electricity [J] . *Journal of Law and Economics*, 1962 (5): 1 – 16.

[75] Keeler, T. , Airline Regulation and Market Performance [J] . *Bell Journal of Economics and Management Science*, 1972 (3): 399 – 424.

[76] Moore, Deregulating Surface Freight Transportation [M] . In Almarin Phillips, ed. , *Promoting Competition in Regulated Markets*. Washington, D. C. : Brookings Institution, 1975.

[77] Stigler, G. , The Theory of Economic Regulation [J] . *Bell Journal of Economics*, 1971 (2): 3 – 21.

[78] Peltzman, S. , Towards A More General Theory of Regulation [J] . *Journal of Law and Economics*, 1976 (19): 211 – 240.

[79] Viscusi, W. K. , Vernon J. M. and Harrington, J. E. , *Economics of Regulation and Antitrust* (3rd Edition) [M] . Massachusetts: The MIT Press, 2000.

[80] Baumal, W. , Panzar J. and Willing, R. D. , *Contestable Markets and the Theory of Industry Structure* [M] . New York: Harcourt Brace Jovannovich, 1982.

[81] Laffont, J. J. , The New Economics of Regulation Ten Years After [J] . *Econometrica*, 1994, 62 (3): 507 – 537.

[82] Vogelsang, I. , Incentive Regulation and Competition in Public Utility Markets: A20 Years Perspective [J] . *Journal of Regulatory Economics*, 2002, 22 (1): 5 – 17.

[83] Berg, S. V. and Tschirhart, J. , *Natural Monopoly Regulation— Principles and Practice* [M] . Cambridge: Cambridge University Press, 1988.

[84] Winston, C. , U. S. Industry Adjustment to Economic Deregulation [J] . *The Journal of Economic Perspectives*, 1998 (3): 89 – 110.

[85] Morrison et al. , Causes and Consequences of Airline Fare Wars [C] . Brookings Papers on Economic Activity: Microeconomics, 1996: 85 – 131.

[86] Winston et al. , Explaining Regulatory Policy [C] . Brookings Pa-

pers on Economic Activity: Microeconomics, 1994: 1 – 49.

[87] Henning et al. , Productivity Improvements in the Natural Gas Distribution and Transmission Industry [J] . *Gas Energy Review*, 1995 (2): 17 – 20.

[88] Risaburo, N. , Industrial policy in Japan [J] . *Journal of Industry, Competition and Trade*, 2007 (7): 229 – 243.

[89] Wallsten, S. J. , An Econometric Analysis of Telecom Competition, Privatization, and Regulation in Africa and Latin America [J] . *The Journal of Industrial Economics*, 2001 (1): 1 – 19.

[90] Clark, J. M. , Toward a Concept of Workable Competition [J] . *American Economics Review*, 1940 (30): 241 – 256.

[91] Edward, S. M. , *Economic Concentration and the Monopoly Problem* [M] . Cambridge: Harvard University Press, 1957.

[92] Stephen, H. , A Critique of Concept of Workable Competition [J] . *Quarterly Journal of Economics*, 1958 (72): 380 – 423.

[93] Goldman, M. , The Pitfalls of Russian Privatization [J] . *Challenge*, 1997 (4 – 5): 35 – 49.

[94] Yang, J. , Market Power in China: Manifestations, Effects and Legislation [J] . *Review of Industry Organization*, 2002 (21): 167 – 183.

[95] Petrazzini, B. , Global Telecom Talks: A Trillion Dollar Deal [R] . Institute for International Economics, Washington, DC. , 1996.

[96] Spiller, P. T. and Carlo, G. C. , The Frontier of Telecommunications Deregulation: Small Countries Leading the Pack [J] . *Journal of Economic Perspectives*, 1997 (4): 127 – 138.

[97] Noll, R. G. , Telecommunications Reform in Developing Countries [R] . Stanford Institute of Economic Policy Research Working Paper, 2000.

[98] Li, W. and Xu, L. C. , The Impact of Privatization and Competition in the Telecommunications Sector Around the World [J] . *The Journal of Law and Economics*, 2004 (2): 395 – 430.

[99] Saunders, R. , Warford, J. and Wellenius, B. , Telecommunications and Economic Development [R] . The World Bank, Washington, DC.

［100］ Wellenius et al. , Telecommunications: World Bank Experience and Strategy ［R］. World Bank Discussion Paper 192, 1992.

［101］ Gasmi, F. , and Virto, R. L. , The Determinants and Impact of Telecommunications Reforms in Developing Countries ［J］ . *Journal of Development Economics*, 2009（12）: 1 – 12.

［102］ Juan, C. R. , A Comparative Study of Telecom Reforms in East Asia and Latin America ［J］ . *International Journal of Public Administration*, 2007, 27（6）: 399 – 426.

［103］ Loo, B. P. Y. , Telecommunications Reforms in China: Towards an Analytical Framework ［J］ . *Telecommunications Policy*, 2004（28）: 697 – 714.

［104］ Groves, T. , Hong, Y. , McMillan, J. and Naughton, B. , Autonomy and Incentives in Chinese State Enterprises ［J］ . *Quarterly Journal of Economics*, 1994（109）: 183.

［105］ Qian, Y. , Enterprise Reform in China: Agency Problems and Political Control ［J］ . *Economics of Transition*, 1996, 4（2）: 427 – 447.

［106］ Qian, Y. and Roland, G. , The Soft Budget Constraint in China ［J］ . *Japan and the World Economy*, 1996（2）: 207 – 223.

［107］ Zhang, B. , Assessing the WTO Agreements on China's Telecommunications Regulatory Reform and Industrial Liberalization ［J］ . *Telecommunications Policy*, 2001（7）: 461 – 476.

［108］ Ros, A. J. , Does Ownership or Competition Matter? The Effect of Telecommunicaitons Reform on Network Expansion and Efficency ［J］ . *Journal of Regulatory Economics*, 1999（15）: 65 – 92.

［109］ Fink, C. , Mattoo, A. and Rathindran, R. , An Assessment of Telecommunications Reform in Developing Countries ［J］ . *Information Economics and Policy*, 2003（4）: 443 – 472.

［110］ Harwit, E. , China's Telecommunications Industry: Development Patterns and Policies ［J］ . *Pacific Affairs*, 2004（2）: 175 – 193.

［111］ Zielinski, R. M. , Chinese Telecommunications Policy Examined: The Case for Reform ［J］ . *The Progress and Freedom Foundation*. 2005（12）:

5 – 33.

[112] Lam, P. and Shiu, A. , Productivity Analysis of the Telecommunications Sector in China [J]. *Telecommunications Policy*, 2008 (8): 559 – 571.

[113] Low, B. and Johnston, J. W. , Managing Ambiguous Policies in China's Telecommunication Market [J]. *Journal of Asia Pacific Business*, 2005 (4): 5 – 30.

[114] Lu, D. and Wong, C. K. , China's Telecommunications Market: Entering a New Competitive Age [M]. Edward Elgar: Cheltenham, 2003.

[115] Boyland, O. and Nicoletti, G. , Regulation, Market Structure and Performance in Telecommunications [R]. Economics Department Working Paper No. 237, 2000.

[116] Gutierrez, L. H. and Berg, S. , Telecommunications Liberalization and Regulatory Governance: Lessons From Latin America [J]. *Telecommunications Policy*, 2000, 24 (10 – 11): 865 – 884.

[117] Wallsten, S. J. , Privatizing Monopolies in Developing Countries: The Real Effects of Exclusivity Periods in Telecommunications [J]. *Journal of Regulatory Economics*, 2004, 26 (3): 303 – 320.

[118] Bortolotti, B. , D'Souza, J. , Fantini, M. and Megginson W. L. , Privatization and the Sources of Performance Improvement in the Global Telecommunications Industry [J]. *Telecommunications Policy*, 2002, 26 (5 – 6): 243 – 268.

[119] Fink, C. , Mattoo, A. and Rathindran, R. , An Assessment of Telecommunications Reform in Developing Countries [J]. *Information Economics & Policy*, 2003 (15): 443 – 466.

[120] Ambrose, W. , Hennemeyer, P. and Chapon, J. , Privatizing Telecommunications Systems: Business Opportunities in Developing Countries [R]. IFC Discussion Paper No. 10, 1990.

[121] Horwitz, R. B. and Currie, W. , Another Instance Where Privatization Trumped Liberalization: The Politics of Telecommunications Reform in South Africa—A Ten – year Retrospective [J]. *Telecommunications Policy*,

2007 (31): 445 – 462.

[122] Zhang, Y. F. , Parker, D. and Kirkpatrick, C. , Electricity Sector Reform in Developing Countries: An Econometric Assessment of the Effects of Privatization, Competition and Regulation [J] . *Journal of Regulatory Economics*, 2008 (2): 159 – 178.

[123] Sun, Q. , and Tong, W. , China Share Issue Privatization: The Extent of Its Success [J] . Journal of Financial Economics, 2003 (70): 183 – 222.

[124] Rousseau, P. L. and Xiao S. Change of Control and the China's Share – Issue Privatization [J] . *China Economics Review*, 2008 (19): 605 – 613.

[125] Huang, G. H. and Song M. F. The Financial and Operating Performance of China's Newly Listed H – firms [J] . *Pacific – Basin Finance Journal*, 2005 (13): 53 – 80.

[126] Bornstein, M. , Russia's Mass Privatization Program [J] . *Communist Economies and Economy Transformation*, 1994 (4): 419 – 457.

[127] Bornstein, M. , Framework Issues in the Privatization Strategies of the Czech Republic, Hungary and Poland [J] . *Post – Communist Economy*, 1999 (1): 47 – 77.

[128] Alexandrowicz, R. M. , Mass Privatization Programs [R]. Washington: World Bank, 1994.

[129] Shafik, N. , Making a Market: Mass Privatization in the Czech and Slovak Republics [J] . *World Develop*, 1995 (23): 1143 – 1156.

[130] Bain, J. S. , *Industrial Organization* [M] . New York: John Wiley & Sons, 1968.

[131] Vickers, J. and Yarrow, G. , *Privatization: An Economic Analysis* [M] . Cambridge: MIT Press, 1988.

[132] Berle, A. and Means, G. C. , *The Modern Corporation and Private Property* [M] . New York: Macmillam, 1932.

[133] Galbraith, J. K. , *The New Industrial Economics* [M] . Oxford: Blackwell, 1967.

[134] Barry, J. and Joseph, E. S. , Prizes and Incentives: Towards a General Theory of Compensation and Competition [J] . *Bell Journal of Economics*, 1983, 14 (1): 21 –43.

[135] Hart, O. , The Market Mechanism as an Incentive Scheme [J] . *Bell Journal of Economics*, 1983, 14 (2): 366 –382.

[136] Alchian, A. A. and Kessel, R. A. , Competition, Monopoly and the Pursuit of Money [J] . *Aspects of Labor Economics*, 1962, 14: 157 –183.

[137] Williamson, O. E. , Managerial Discretion and Business Behavior [J] . *The American Economic Review*, 1963 (44): 1032 –1057.

[138] Leibenstein, H. , Allocative Efficiency Vs. X – Efficiency [J] . *American Economic Review*, 1966, 56 (3): 392 –415.

[139] McNamara, J. R. , *The Economics of Innovation in the Telecommunications Industry* [M] . New York: Quorum Books, 1991.

[140] Hayek, F. A. , The use of Knowledge in Society [J] . *American Economic Review*, 1945, 35 (4): 519 –530.

[141] Nickell, S. , Competition and Corporate Performance [J] . *Journal of Political Economy* , 1996 (106): 724 –746.

[142] North, D. C. , *Institutions, Institutional Change, and Economic Performance*. Cambridge. New York: Cambridge University Press, 1990.

[143] Levy, B. and Spiller, P. T. , *Regulations, Institutions, and Commitment: Comparative Studies of Telecommunications* [M] . New York: Cambridge University Press, 1996.

[144] Alchian, A. A. , *Some Economics of Property Rights* [M] . London: Giuffre Press, 1965.

[145] Niskanen, W. A. , *Bureaucracy and Representative Government* [M] . Chicago: Aldine, 1971.

[146] Andrei, S. and Vishny, R. W. , Politicians and Firms [J] . *The Quarterly Journal of Economics*, 1994, 109 (4): 995 –1025.

[147] Boycko, M. , Shleifer, A. and Vishny, R. W. , A *Theory of Privatization. Chicago: Center for Research in Security Prices* [D] . Graduate School of Business, University of Chicago, 1993.

[148] Yarrow, G. , Privatization in Theory and Practice [J] . *Economic Policy*, 1986 (2): 324 – 364.

[149] Kornai, J. and Weibull, J. , Paternalism, Buyers and Sellers Markets [J] . *Mathematical and Social Sciences*, 1983 (6): 153 – 169.

[150] Vickers, J. and Yarrow, G. , Economic Perspectives on Privatization [J] . *Journal of Economic Perspectives*, 1991 (5): 111 – 132.

[151] D' Souza, J. , Megginson, W. and Nash, R. , Determinants of Performance Improvements in Privatized Firms: The Role of Restructuring and Corporate Governance [R] . Working Paper, 2000.

[152] Megginson, W. , Nash, R. and Randenborgh, M. , The Financial and Operating Prformance of Newly Privatized Firms: An international Empirical Analysis [J] . *Journal of Finance*, 1994 (2): 403 – 452.

[153] Boubakri, N. and Cosset, J. , The Financial and Operating Performance of Newly Privatized Firms: Evidence from Developing Countries [J] . *Journal of Finance*, 1998 (53): 1081 – 1110.

[154] D' Souza, J. and Megginson, W. , The Financial and Operating Performance of Privatized Firms During the 1990s [J] . *Journal of Finance*, 1999 (54): 1397 – 1438.

[155] Laffont, J. and Tirole, J. , A *Theory of Incentives in Procurement and Regulation* [M], Cambridge: MIT Press, 1992.

[156] Averch H. , and Johnson, L. The Behavior of the Firm Under Regulatory Constraint [J] . *American Economic Review*, 1962 (5): 1053 – 1069.

[157] Levy, B. and Spiller, P. T. , The Institutional Foundations of Regulatory Commitment: A Comparative Analysis of Telecommunications Regulation [J] . *Journal of Law, Economics and Organization*, 1994 (2): 201 – 236.

[158] Henisz, W. and Zelner, B. A. , The Institutional Environment for Telecommunications Investment [J] . *Journal of Economics and Management Strategy*, 2001 (10): 123 – 147.

[159] Laffont, J. J. , Rey, P. and Tirole, J. , Network Competition: Overview and Nondiscriminatory Pricing [J] . *Rand Journal of Economics*, 1998 (29): 1 – 37.

[160] Zhao, Y. , Universal Service and China's Telecommunications Miracle Discourses Practices, and Post – WTO Accession Challenges [J] . *Info*, 2007 (9): 108 – 201.

[161] Gupta, J. P. and Sravat, A. K. , Development and Project Financing of Private Power Project in Developing Countries: A Case Study of India [J] . *International Journal of Project Management*, 1998, 16 (2): 99 – 105.

[162] Holburn, G. F. , Political Risk, Political Capabilities and International Investment Strategy: Evidence from the Power Generation Industry [R] . Paper Presented at the 5th Annual EUNIP Conference. Vienna, 29 November 1, December 2001.

[163] Kay, J. A. and Thompson, D. J. , Privatization: a Policy in Search of a Rationale [J] . *The Economic Journal*, 1986, 96 (381): 13 – 32.

[164] Fang and David, C. Y. , An Empirical Study About the Impacts of China's Accession to the WTO on the Telecommunications Industry in China [J] . *Journal of Organizational Computing and Electronic Commerce*, 2006, 16 (1): 31 – 50.

[165] Cao, Y. , Qian, Y. and Barry, R. , W. From Federalism, Chinese Style to Privatization, Chinese Style [J] . *Economics of Transition*, 1999, 7 (1): 103 – 131.

[166] Davidson, R. and MacKinnon, J. , *Estimation and Inference in Econometrics* [M] . New York: Oxford University Press, 1993.

[167] Dai, X. D. , *The Digital Revolution and Governance* [M] . Ashgate: Aldershot, 2000.

[168] Dai, X. D. , ICT in China's Development Strategy: Implications for Spatial Development [J] // Hughes C. R. and Wacker G. China and the Internet: Politics of the Digital Great Leap Forward, London: Routledge Curzon, 2003.

[169] Mu, Q. and Lee, K. , Knowledge Diffusion, Market Segmentation and Technological Catch – up: the Case of the Telecommunication Industry in China [J] . *Research Policy*, 2005 (34): 759 – 783.

[170] Davidson, R. and MacKinnon, J. , *Estimation and Inference in E-*

conometrics [M]. New York: Oxford University Press, 1993.

[171] Wooldridge, M. J., *Econometric Analysis of Cross Section and Panel Data* [M]. Cambridge: The MIT Press, 2002.

[172] Roodman, D., How to Doxtabond: An Introduction to "Difference" and "System" GMM in Stata [R]. Working Paper No. 103.

[173] Arellano, M. and Bond, S., Some Tests of Specification for Panel Data: Monte Carlo Evidence and an Appilication to Employment Equation [J]. *The Review of Economic Studies*, 1991, 58 (2): 277 – 297.

[174] Blundell, R. and Bond, S., Initial Conditions and Moments Restrication in Dynamic Panel Data Models [J]. *Journal of Econometrics*, 1998 (87): 115 – 143.

[175] Bond, S., Dynamic Panel Data Models: A Guide to Micro Data Methods and Pratice [J]. *Portuguese Economic Journal*, 2002 (1): 141 – 161.

后　记

　　"国家兴亡，匹夫有责"，满怀学术报国——传统文人的赤诚梦想，矢志攻读博士学位。首先，感谢国家的繁荣昌盛，使我得以在安静的校园里完成学业。尤其感谢国家为有志学子提供了留学的机会，我才如愿到美国得克萨斯大学留学，得到全面的学术能力提升。其次，感谢北京科技大学。我在这里停留了五年多，旧管理楼、逸夫楼、图书馆、宿舍楼等记载着我的青春与奋斗。当真要离开时，总有些眷恋和感伤。最后，还要感谢美国得克萨斯大学。那儿美如画卷的校图、广袤的草原、茂密的榕树、典雅的校舍……无不触及我对她的眷顾。

　　在博士求学期间，最应该感谢的是导师何维达教授。在考上博士之初的那个暑假，何老师就让我自学经济学和博弈论知识，并且，给出论文让我来修改，而这篇修改完的论文就是我博士期间发表的第一篇论文。在博士第一学期，每当我在学术上取得一点小小的成绩，何老师总会给以最大的肯定和鼓励，使我对经济研究充满了兴趣和信心。其后，何老师又指导我申请北京哲学社会科学课题，鼓励我出国学习，并且，让我参与了一些课题，使我受到了学术研究的基础训练。在踏上留学路途之前，何老师又鼓励我出国以后要秉持刻苦钻研的精神，并且教我如何适应国外的生活。这些话时时萦绕心头，使我在国外学习期间有所适从，不敢轻易浪费时间。回国后，何老师又督促指导我完成毕业论文，甚至连如何面试，何老师都一一指导。在此，由衷地向何老师表示感谢。

　　感谢国外导师迈克尔·R.沃德（Michael R. Ward）教授。沃德教授毕业于芝加哥大学，具有传统的芝加哥学派味道，是得克萨斯大学Arlington商学院学术上的杰出代表。第一次见他，他就给了我一摞书，让我回去研读，又给我列出了留学期间需要旁听的课程①。之后，他又指导我从事中国电信改革方面的研究，其治学严谨的风格和为人处世，对我思想观念上的触动很大。回国后，我们的论文在美国加州大学伯克利分校宣讲，由于参答辩和答辩我都没有去参加，导师还亲自将那边的意见发过来，跟我探讨。虽然导师身在异国，但本书的完成与他的指导有着重要关系。以后，我将用进一步的学术成绩向我的导师汇报。

在北京科技大学攻读博士期间，也要感谢硕士生导师张群教授。能够继续攻读博士，也与张院长的推荐有一定关系，张院长的激励使我时时不敢懈怠。同时，也要感谢高俊山、高学东、戴淑芬、何枫、王道平、李铁克、刘澄、曹勇、马风才、张颖、谢媛、孙莹、胡枫、邓立治、高福亭、倪宇、李晓静、刘洪生（临时来从教）等老师在学业上的指导和帮助。另外，感谢在美国留学期间 Daniel Himarios、David A. Gray、Laura L. Alanis、Pui - YingChin（陈佩莹）、Mahmut Yasar、Xiaoli Liang、James T. C. Teng、Xueming Luo、Yongmei Liu 等老师在学业和生活上的支持与帮助。也要感谢师姐李冬梅、吴玉萍以及师兄张远德、同级万学军和师弟于一、师妹曾辉等的交流和帮助，以及感谢崔巍、王大鹏、陈敏、苏志雄等同学。

还要感谢在学术上给予指导的其他院校老师，他们分别是中国社会科学科院工业经济研究所的刘戒骄、江飞涛老师，东北财经大学的于立老师，中山大学的聂海峰，暨南大学的朱卫平、周浩和燕志雄老师，中央财经大学的苏治老师，复旦大学经济学院的范子英博士以及在中国经济学年会、中国工业经济年会、中国青年经济学者论坛、广东研究生论坛——产业经济分论坛上的同行专家学者。另外，也要感谢五位匿名评审人对论文的审阅和建设性意见，以及清华大学雷家骕和北京师范大学唐任伍老师的答辩意见。

出身于贫穷的农村，年迈父母含辛茹苦地劳作，哥哥姐姐无私地解囊相助，我才得以完成大学和硕士研究生的学业。我已过而立之年，本应是承担家庭责任的年纪，却一直为个人学业奔波，无暇顾及父母，这是我最

① 这些课程的学习使我受益匪浅，全面更新了知识结构，高级计量经济学、微观经济学、产业组织理论等课程，奠定了我博士期间的理论和方法基础。

大的歉疚。在这里，感谢父亲郑培华、母亲陈秀荣、大哥郑世成、二哥郑世光和姐姐郑爱萍无私的支持和鼓励。妻子许亚玲在我选择继续攻读博士学位抉择上给了我莫大的支持，而且，在出国留学前，我儿子郑博宇还不到一周岁，妻子鼓励我出国深造，并把家庭所有责任都承担下来。如果没有妻子的支持，我不可能完成博士论文，也不可能将大量的时间用在学业上，更不可能取得今天的成绩。也要感谢岳父岳母给予我们家庭上的照顾。另外，我总是忙于学业，也无暇照顾儿子，没有尽到一个父亲应有责任，这也是一个遗憾。

博士毕业意味着求学生涯的结束，正式工作的开始。在这人生转型时期，还是要告诫自己戒骄戒躁、艰苦奋斗，继续做一个不畏艰险、不怕挫折、登攀在崇山峻岭之间的泰山挑夫吧。

本书主要内容是由博士论文修改后形成的。目前，本人工作于中国社会科学院数量经济与技术经济研究所，本书的出版算是对博士阶段工作画上了一个句号。

郑世林

2012 年 9 月 5 日

于中国社会科学院科研楼